NARRATOLOGI

Serien *Moderne litteraturteori* redigeres af Stefan Iversen og Henrik Skov Nielsen.

Følgende bind er under udarbejdelse:

Hans Hauge og Prem Poddar (red.): *Postkolonialisme*

Maiken Derno (red.): *Genreteori*

Tania Ørum og Lilian Munk Rösing (red.): *Feminisme*

Svend Erik Larsen og Mads Rosendahl Thomsen (red.): *Litteraturhistoriografi*

NARRATOLOGI

AARHUS UNIVERSITETSFORLAG

NARRATOLOGI
er sat med Sabon og trykt på 100g Schleipen
Werkdruck 1.4 hos Narayana Press, Gylling

Serieredaktører: Stefan Iversen
og Henrik Skov Nielsen
Omslag og tilrettelægning: Kitte Fennestad
Alle tekster i dette bind er oversat af Rolf Reitan
Printed in Denmark 2004
ISBN: 87 7934 119 5

Aarhus Universitetsforlag
Langelandsgade 177
8200 Århus N
Fax 89 42 53 80
www.unipress.dk

INDHOLD

Stefan Iversen og
Henrik Skov Nielsen

INTRODUKTION

TERMEN

Narratologi er teorien om fortællinger. Narratologien beskæftiger sig med alle former for fortælling, og kun med fortællinger. Deraf fremgår, at narratologiens genstandsfelt foruden litterære fortællinger i form af fx romaner og noveller også omfatter computerspil, tegneserier og film samt ikke-fiktive fortællinger som biografier, historieskrivning og meget andet. Selve ordet "narratologie" blev dannet som en neologisme af den franske teoretiker Tzvetan Todorov (Todorov, 1969). Forstået i traditionel og snæver forstand hænger narratologi nært sammen med 1960'ernes og 1970'ernes franske strukturalisme. I sit udspring havde narratologien overvejende litterære tekster som sit interesseområde.

I dag anvendes termen narratologi som samlebetegnelse for et væsentligt bredere og mere heterogent felt af erkendelsesinteresser, der, ofte med afsæt i poststrukturalistiske omvurderinger af eksisterende teori, arbejder videre med de spørgsmål, som strukturalistiske narratologer rejste, men ved at stille disse spørgsmål på en ny måde og til et større materiale.

I denne indledning vil vi give en kort historisk oversigt over narratologiens udvikling, indplacere antologiens tekster i denne udvikling og samtidig følge nogle af feltets centrale diskussioner, som de kommer til udtryk i antologiens tekster. Alle litteraturhenvisninger i indledningen samt i de følgende artikler henviser til den samlede litteraturliste, som findes bag i bogen, hvor den interesserede læser også vil finde henvisninger til en række værker, som ikke er nævnt andetsteds i bogen.

HISTORIEN

Narratologisk teori har mange og lange rødder: Allerede Aristoteles gør sig i *Poetikken* overvejelser over plot og karakterer. I slutningen af det nittende og begyndelsen af det tyvende århundrede finder man vigtige forudsætninger for den strukturalistiske narratologi i bl.a. forfatteren Henry James' diskussioner af *point of view*, hos de russiske formalister, der opstillede systematiske beskrivelser af fortællingers struktur, samt hos kontinentale og britiske teoretikere (som fx Otto Ludwig, Friedrich Spielhagen, Käte Friedemann og Percy Lubbock).

Selv om der således eksisterer talrige arbejder om fortællinger før 1960'erne, tager den narratologis historie, som vi her vil skitsere, sin begyndelse hos Franz K. Stanzel og Gérard Genette. Deres teoribygninger har i højere grad end samtidige og tidligere narratologiske teoretikeres vist sig at præsentere både spørgsmål og svar, som vedblivende er med til at sætte dagsordenen for de diskussioner, som den litterært orienterede narratologi i dag betragter som sine.

Stanzel og Genette sætter først og fremmest fokus på fortælleren og fortællesituationen. Med ønsket om at beskrive og skematisere de roller og pladser, som fortælleren kan indtage, vendes opmærksomheden bort fra det fortalte mod måden, der fortælles på, og mod bestemmelser af elementer som synsvinkel, fortælleforhold osv. Tekster i denne tradition er fælles om at handle om *fortæller*, *fortælling* og *læser* og om at gøre det ved at søge svar på spørgsmål som: *Hvem taler? Hvem ser? Hvem tales der til?*

Der er kun i begrænset omfang sammenfald mellem sådanne spørgsmål og de spørgsmål, som i Danmark har været forbundet med termerne "narratologi" og "fortælleteori". Fra midten af 1980'erne har plotteorien med dens interesse for det fortaltes forløb og for slutningens betydning fyldt meget på de danske litteraturstudier, ikke mindst takket være Frank Kermodes *The Sense of an Ending* (1967) og Peter Brooks' *Reading for the Plot* (1984).

Op gennem 1970'erne var den danske reception af narratologisk teori inspireret af teoretikere som Vladimir Propp, Tzvetan Todorov og især Algirdas Greimas, der blev massivt introduceret og oversat, og hvis strukturelle semantik dannede grundlag for en række danske bøger om emnet. Greimas, der er omtrent samtidig med Stanzel og Genette, beskæftiger sig hovedsageligt med det fortaltes strukturer, bl.a. inspireret af Propps "morfologi", hvor Propp søger at systematisere genkommende elementer i russiske folkeeventyr. Et konkret resultat af sådanne indholdsformalistiske tilgange er aktantmodellen, som med sin fordeling af fortællingens aktanter på rollerne "giver", "objekt", "modtager" og "hjælper", "subjekt", "modstander" har fundet anvendelse i analyser af alt fra eventyr og moderne prosa til reklamer og tegneserier.

Aktantmodeller fungerer netop uafhængigt af den måde, hvorpå fortællingen fortæller om aktanterne og deres handlinger; heri modellernes berettigelse.

Stanzel og Genette søger derimod at beskrive fortællingens *hvordan*, altså måden, der fortælles på, således som det allerede fremgår af titlen på Stanzels værk, *Die typischen*

Erzählsituationen im Roman (1955). Ønsket om at ordne og systematisere blev tydeligt med Stanzels bog, og det fandt sit strukturalistiske og formalistiske højdepunkt med Genettes "Discours du récit" (*Figures III*) (1972), som også er repræsenteret i dette udvalg. Betydningen af Genettes værk kan næppe overvurderes, hvilket blandt andet ses ved, at det på det nærmeste lagde feltet dødt i en lang periode. Genettes værk fik således to modsatrettede konsekvenser:

På den ene side var det for teoretikere, der var positivt indstillet over for et strukturalistisk projekt som Genettes, yderst vanskeligt og måske endda unødvendigt at komme længere ad samme vej og med samme metoder. I de følgende år kom der derfor symptomatisk flere indføringer og introduktioner til narratologien med Genette som en hovedeksponent samt forsøg på forklaringer og forbedringer af hans systemer og skemaer (se fx (Lanser, 1981) og (Bal, 1985)). Ligeledes ser man fra og med slutningen af 1970'erne adskillige teoretikere præsentere deres tænkning som et forsøg på at kombinere analyser af fortællemåder med analyser af tematik og forløb (se fx (Chatman, 1978) og (Kenan, 1983)).

På den anden side rettedes eksplicit (se fx (Hillis Miller, 1979)) og implicit (se fx (Felman, 1977)) en hård kritik mod den strukturalistiske narratologi og dens intention om at udvikle et systematisk og komplet beskrivelsesapparat. Kritikken fremhævede flere store problemer ved den strukturalistiske narratologi. Den vigtigste kritik rettede sig mod den kassetænkning, som beherskede ikke mindst Genettes skematiseringer af litteraturens fortællesituationer. Genette placerede litteraturen bag tremmer, sagde man, og i bredere forstand hævdedes det, at ét samlet skema aldrig ville kunne indfange den enkelte fortællings individualitet. Det blev endvidere hævdet, at narratologiens ønske om deduktiv, normativ bestemmelse af litteraturens fortællesituationer og muligheder negligerede empiri og derfor manglede kontakt til sit materiale; en kontakt som ville vise, at dikotomier ikke lader sig opretholde, at de enkelte fortælletyper så godt som aldrig findes i ren form, og at litteraturen fordeler sig på et stort kontinuert atlas og ikke i seks lukkede kasser. For en nyere kritik af denne type se (Gibson, 1996).

Som en konsekvens af kritikken sygnede narratologien i nogen grad hen fra slutningen af 1970'erne til slutningen af 1980'erne. I 1990 virkede den så død, at Christine Brooke-Rose i et temanummer af *Poetics Today* provokerende kunne stille spørgsmålet "Whatever Happened to Narratology?" som overskrift på sin artikel. Ikke mindst dette temanummer med deltagelse af en række af de i dag største narratologiske teoretikere var imidlertid et varsel om en nært forestående, stor og vedvarende gentænkning og opblomstring af det narratologiske felt, særligt i USA og Tyskland.

Den nye narratologis teoretikere står sammen om at sprede sig. Nøgleordene for de mange forskellige bestræbelser på at nytænke feltet er diversifikation og ekspansion. Narratologien har således forladt det strukturalistiske paradigme, både hvad angår metoder og genstandsfelt. Den metodiske fornyelse viser sig ved, at nyere narratologisk forskning indoptager greb og tilgange fra discipliner som feminisme (fx (Lanser, 1992)), reader-response teori (fx (Fludernik, 1996)), dekonstruktion (fx (Gibson, 1996)) og filosofi (fx (Ronen, 1994)). Samtidig har den ekspanderet i forhold til sit genstandsfelt, som i begyndelsen primært var litterære tekster, i praksis ofte begrænset til en relativt kort liste af store romaner fra det nittende århundrede og begyndelsen af det tyvende. Narratologiske tilgange har siden bevist deres anvendelighed i studier af ikke-litterære tekster, af film, af billeder, af dagligsprog, af kulturelle manifestationer og meget andet. Chatmans *Story and Discourse: Narrative Structure in Fiction and Film* fra 1978 var repræsentativ for denne udvidelse af genstandsfeltet ved at bruge film og tegneserier som eksempelmateriale. Samtidig er felter som fx kognitionspsykologi, historieskrivning og forskning i kunstig intelligens begyndt at anvende narratologien som hjælpevidenskab. Vendingen mod narratologiske erkendelser har endog afgørende præget så fjerntliggende discipliner som organisationsteori i form af bl.a. storytelling og journalistik i form af "narrative journalism".

I takt med narratologiens spredning er der endvidere fulgt et behov for at skrive narratologiens historie (se fx (Jahn, 1995), (Onega og Landa, 1996) og (Kenan, 2002)).

En stor del af den fornyelse, der har fundet sted siden 1990'erne, har baggrund i frugtbare reaktioner på kritikken mod narratologien. Fx er også nyere narratologi ofte blevet kritiseret for at negligere kontekster og alene analysere fortællingen *som* fortælling uden at tage hensyn til de ydre forhold, som er medbestemmende for, hvordan vi kan og bør opfatte den. Denne kritik er blevet forsøgt imødegået gennem studier af kontekstens (fx forsidens, flappens, mundtlighedens, forordets, genrebestemmelsens, læsesituationens, læserens kulturelle og historiske baggrunds) indflydelse på opfattelsen af fortællingen og på dens betydning og funktion.

Samlet kan man (ikke uden en vis strukturalistisk skematik) i stikordsform karakterisere nogle hovedtendenser i henholdsvis den klassiske og den nye narratologi (jf. (Kenan, 2002, s. 142)):

STRUKTURALISTISK (KLASSISK) NARRATOLOGI:	NYE NARRATOLOGIER:
tekstcentreret	kontekstorienteret
formalistisk/skematiserende	tematisk/evaluerende
taksonomisk	interpretativ
ahistorisk	historisk
universalistisk	partikulær

I narratologiske udgivelser fra sidste halvdel af 1990'erne er tendensen til kontekstualisering, pragmatisme og anti-essentialisme nået så vidt, at man hos flere teoretikere, herunder Cohn, som også er repræsenteret i dette udvalg, møder forslag om en modbesindelse eller en re-reaktion, om man vil.

De første par år af det nye årtusinde er således præget af en diskussion, der står mellem to positioner: På den ene side står repræsentanter for et ønske om tværmediel forskning og for en forskning, der ekspanderer til forskellige historiske, kulturelle og geografiske regioner, men som begrænser sig til at beskrive, hvad der kendetegner dem netop som regioner. På den anden side står repræsentanter for et ønske om "distinktion" (jf. titlen på Cohns bog, *The Distinction of Fiction* (1999)), som insisterer på både ønskværdigheden af og muligheden for at kunne levere faste, ikke-kontekstafhængige, ikke-regionale beskrivelser af kendetegn ved fiktionen og fortællingen. De mange narratologiske udgivelser og de ophedede diskussioner i litteraturteoretiske tidsskrifter siden midthalvfemserne vidner om, at denne diskussion både er uafsluttet og frugtbar.

TEKSTERNE

Wayne C. Booth's bog *The Rhetoric of Fiction* (1961) er en af litteraturteoriens absolutte klassikere. Anlægget i den er så bredt, at den har fundet anvendelse langt ud over snævert narratologiske kredse, og selv om man sine steder finder formuleringer og ideer, som kan virke forældede, er dens indflydelse stadig betydelig. Hos en af denne udgivelses yngre skribenter, Phelan, ser man en tydelig inspiration fra Booth.

Uddragene fra Booth's bog er de eneste i dette udvalg, som placerer sig før et skelsættende nummer af *Communications* (nr. 8 (1966)), der med bidrag af Roland Barthes, Todorov, Greimas, Genette m.fl. var medvirkende til at sætte en dagsorden for den gryende narratologi. Uddragene er inkluderede, selv om Booth's bog placerer sig uden for en snæver narratologisk kanon såvel emnemæssigt som tidsmæssigt.

I det første tekstuddrag fremsætter Booth sit berømte forslag om en "implicit forfatter". Booth hævder, at ethvert værk vil få læseren til at danne sig et billede af dets skribent, og at denne skribent aldrig vil være neutral over for alle værdier. Det billede, som læseren danner sig, kan variere kraftigt fra bog til bog af den samme forfatter, og Booth foreslår derfor at omtale ophavsmanden til det enkelte værks normer, stil, tone osv. som "den implicitte forfatter". Booth veksler ikke sjældent mellem at tale om den implicitte forfatter og blot om forfatteren.

Det andet uddrag af Booth handler om, hvordan og hvorfor læseren til tider identificerer sig, ikke med værkets personer, men med den implicitte forfatter, eller forfatteren slet og ret. Dermed åbnes der for en etisk dimension ved læsningen, hvor den store forfatter og den store roman kan tage læseren ved hånden og vejlede ham som en god ven. Booth er på den måde med til at instituere et felt af etiske læsninger, der i dag i Amerika er så stort, at adskillige taler om "the ethical turn" svarende til "the linguistic turn".

Booth's bog placerer sig som sagt tids- og emnemæssigt i periferien af den klassiske narratologi. I *Die typischen Erzähl-*

situationen im Roman fra 1955 stillede *Franz K. Stanzel* som den første en række af de spørgsmål, der senere er blevet centrale i arbejdet med fortællinger. Spørgsmålene tog udgangspunkt i, at den litterære fortælling for Stanzel er middelbar. Ved middelbarhed forstår Stanzel det forhold, at en litterær fortælling altid er formidlet i form af det, Stanzel kalder en fortællesituation, dvs. aldrig er umiddelbar. Det er for Stanzel denne fortællesituation, der kan og skal gøres til genstand for analyse. Stanzel kom på en måde både for tidligt og for sent til at opnå den internationale status, som hans teoribygning havde fortjent. For tidligt kom Stanzel, idet hans første bog anvendte en formalistisk tilgang til analysen af fortællinger, der først blev comme il faut 10 år senere i Frankrig. Dertil kom, at Stanzels første bog var på tysk, og at kun ganske få ikke-tyskere, med Genette som en vigtig undtagelse, lod sig inspirere af den. For sent kom Stanzel, idet han først i 1984 udgav en samlet præsentation af sit da stærkt reviderede begrebsapparat for et engelsk publikum (*A Theory of Narrative*, opr. *Theorie des Erzählens* (1979)), det vil sige på et tidspunkt, hvor de franske strukturalister allerede havde sat dagsordnen for international litteraturteori.

Forskellene på den tidlige og den sene Stanzel er mange, men den vigtigste ændring ligger i hans nykonstituering af de tre typiske fortællesituationer. Vi har derfor valgt at bringe det afsnit fra *Theorie des Erzählens*, hvor denne nykonstituering formuleres.

Stanzel identificerer tre konstituenter for den litterære fortællings middelbarhed: person, perspektiv og modus. Hver af disse konstituenter rummer et modsætningspar, henholdsvis første person vs. tredje person, ydre perspektiv vs. indre perspektiv og fortællermodus vs. reflektormodus. Stanzel illustrerer sin teoribygning med en cirkelfigur, der er baseret netop på kombinationsmulighederne af de tre konstituenter [se side 67]. Den typologiske cirkel er, som cirkler normalt, komplet. Enhver fortællesituation kan derfor principielt rummes inden for dens radius.

Til trods for den kritik, der har været rettet mod den typologiske cirkel og mod de dikotomier, den hviler på, er Stanzels tænkning uomgængelig både i forhold til klassisk og ny narratologi. Cohn og Fludernik er elever af Stanzel, og deres arbejde er stærkt inspireret af Stanzels teorier, ligesom også dele af Genettes arbejde baserer sig på Stanzels indsats.

I de to bragte uddrag fra tekster af *Gérard Genette* præsenteres en af narratologiens væsentligste opdelinger med skellet mellem spørgsmålene "Hvem ser?" og "Hvem taler?", de to spørgsmål, hvorpå Genettes fokaliseringsteori bygges.

For Genette er det altid en fortæller, som taler/fortæller, og en eller flere personer i den fortalte verden, som ser/perciperer. Dermed kan Genette opstille de tre mulige fortælleforhold: 1. Fortælleren siger mere, end nogen af personerne i fortællingen hver for sig ser og ved. 2. Fortælleren begrænser sig til at sige, hvad én given person ser, tænker og ved. 3. Fortælleren siger ikke noget om, hvad nogen personer tænker eller ser. Den første mulighed er altså ikke underlagt nogen persons begrænsninger og er således ufokaliseret eller nulfokaliseret, mens den anden er indrefokaliseret og den tredje ydrefokaliseret.

Det første af de to tekstuddrag, vi har valgt at bringe, stammer fra "Discours du récit", der i 1972 udkom som en del af *Figures III*. Her introduceres fokaliseringsbegrebet, som siden er blevet meget omdiskuteret. Genette tager i "Discours du récit" i særlig grad udgangspunkt i fortælleforholdene i Marcel Prousts *På sporet af den tabte tid* (1913-27) og er blevet kritiseret for på den baggrund at overdrive jegfortællingens betydning, ligesom man også på et generelt niveau har indvendt, at Genette snarere har lavet en proustologi end en narratologi.

Med stadig rekurs til sådanne indvendinger og til debatten om anvendeligheden, homogeniteten og validiteten af begrebsbygningerne i "Discours du récit" udgav Genette *Nouveau discours du récit* i 1983. Herfra stammer det andet tekstuddrag, hvori Genette særligt diskuterer med Cohn og medgiver hende, at han måske har miskendt Stanzels betydning i sin tekst fra 1972. I den usædvanligt humor- og humørfyldte tekst fra 1983 præsenterer han sine eftertanker over fokaliseringsteorien.

Genette er ikke uden grund ofte blevet beskyldt for at producere normative, deduktive og lukkede systemer. Kassesystemer, som man finder dem i begge tekstuddrag, vil få og har fået adskillige til at skærpe pennen. Imidlertid er det værd at bemærke, at Genettes systemer langtfra altid er så entydigt lukkede og normative, som det kan tage sig ud ved første blik. Faktisk besidder hans skemaer ofte den egenskab, at de åbner sig mod nye, hidtil uopdagede fortællinger eller kvaliteter ved fortællinger. Ligeledes præsenterer Genettes opdelinger sig ikke sjældent som provisoriske og kompromissøgende, idet Genette mesterligt formår at fremstille flere af narratologiens stridsspørgsmål, så de i væsentlig grad tager sig ud som terminologiske uoverensstemmelser.

Fokaliseringsteoriens skel mellem spørgsmålene "Hvem ser?" og "Hvem taler?", som Genette præsenterer, elaborerer og diskuterer i de to valgte tekster, kan man tilslutte sig eller afvise, men det er næppe muligt at ignorere det i beskrivelsen af litterære fortællingers former.

Med amerikaneren *Seymour Chatmans* bog *Story and Discourse* fra 1978 blev fransk strukturalistisk narratologi (især som denne var blevet udviklet af Genette) introduceret for et engelsktalende publikum. Chatmans bog er på godt og ondt et prægnant eksempel på fransk teori filtreret gennem amerikansk formidling. I sin pædagogiske og velskrevne fremstilling demonstrerer Chatman hovedsageligt sin metode med læsninger af film og tegneserier. Dermed bliver han sammen med bl.a. Christian Metz en af de tidlige repræsentanter for anvendelsen af narratologiens begrebsapparat i filmanalysen. For nyere anvendelse af narratologi i filmteorien se fx (Bordwell, 1985).

Det valgte uddrag præsenterer i al sin korthed to fundamentale forudsætninger for den narratologi, Chatman repræsenterer: For det første beskriver det et af narratologiens mest fundamentale begrebspar, nemlig det, Chatman benævner "story" og "discourse". 1920'ernes russiske formalister kaldte det "fabula" og "sjuzhet", mens et forslag til en dansk udgave af begrebsparret er "forestilling" og "fremstilling" (Iversen og Skov Nielsen, 2003). Begrebsparret bruges til at skelne mellem to aspekter ved fortællingen på den måde, at "story" betegner de hændelser og personer, der fortælles om, mens "discourse" betegner måden, hvorpå disse personer og hændelser fremstilles for læseren eller tilskueren. Skellet mellem story og discourse, der er så fundamentalt i Chatmans teoribygning, at det giver navn til hans bog, er op gennem 1990'erne blevet genstand for omfattende diskussioner (se Richardsons artikel i denne bog).

For det andet beskriver uddraget argumenterne for at anskue fortællinger som strukturer: De er helheder, der indebærer selvregulering og transformation. Også dette ræsonnement er senere blevet kritiseret i opgøret med strukturalistiske tankefigurer, et opgør som Chatman selv deltager i. I 1990'erne har han især arbejdet med kontekstens betydning for en fortælling, først og fremmest i den indflydelsesrige artikel "What Can We Learn from Contextualist Narratology?" (Chatman, 1990).

En mere radikal udvidelse af narratologiens genstandsfelt finder man hos den østrigske narratolog *Monika Fludernik*, der i *Towards a "Natural" Narratology* et af 1990'ernes vel nok mest ambitiøse forsøg på at gentænke forskningen i fortællinger. Over mere end 500 sider udvikler hun en samlet teori for fortællinger, en inklusiv teori, der på én gang viderefører den klassiske narratologis metoder og nytænker dem ved at fundere dem i en større, tværfaglig ramme. Hvor klassisk narratologi er en strukturalistisk disciplin, da kombinerer Fludernik begreber fra strukturalisme med bl.a. kognitiv teori, lingvistik og receptionsteori. Resultatet kalder hun for "'naturlig' narratologi".

Udgangspunktet er, at den klassiske narratologi, repræsenteret ved Stanzel og Genette, har ret, men ikke ret nok. Fluderniks indsats kan ses som et forsøg på at råde bod på de mangler, som er blevet påpeget ved den klassiske narratologi: dens begrænsede genstandsfelt, dens negligering af læserens betydning og dens synkrone orientering.

Fluderniks mål er at opstille et beskrivelsesapparat, der kan analysere fortællinger i alle deres forekomster, det vil sige fra mundtlige anekdoter over traditionelle 1800-tals romaner til de mest eksperimenterende og medieudfordrende former, fx du-fortællinger, Samuel Becketts non-prosa og moderne drama. Centralt står Fluderniks definition af narrativitet. I modsætning til traditionelle teorier ser Fludernik hverken plottet, forstået som en teleologisk orienteret kæde af begivenheder eller fortælleren som konstituerende for narrativitet. I stedet konstruerer hun begrebet "experientiality" ("opleve(lses)mæssighed") se note 13, s. 117), som indgår i den vigtige definition af narrativitet: "narrativitet = medieret *experientiality*" (se side 119). Denne definition, som er inspireret af (Hamburger, 1957) og (Cohn, 1978), sætter "medieret experientiality" som narrativitetens nødvendige og tilstrækkelige kendetegn, hvilket omtrent kan parafraseres således, at hvor der er fremstilling af menneskelig bevidsthed, er der narrativitet.

Fludernik anskuer fortællinger som noget, der bliver til i en receptionsproces, i læserens tilknytning til og aktualisering af "experientiality".

Fortællinger er noget, vi skaber i kraft af vores applikation af bestemte kognitive skemaer; skemaer vi også bruger til at afkode hverdagens "naturlige" fortællinger med. Det er eksistensen af disse skemaer, Fludernik henviser til med termen "experientiality". Fluderniks firedelte skema, der præsenteres i det bragte uddrag, er således ikke et skema over fortælleformer eller fortællesituationer, men et skema over de elementer og processer, der indgår i læserens reception og rekonstruktion af en fortælling.

Fordelene ved Fluderniks firelagsmodel er mange: Den kan anvendes diakront og synkront, den beskriver læserens aktive rolle i (re)konstruktionen af fortællingens elementer (ikke mindst den problematiske fortællerinstans), den medtænker kontekstens (genrens, kulturens, tidens osv.) betydning, og den kan bruges til at analysere fortællinger (og vores afkodning af dem) i alle både mundtlige og skriftlige former. Det næsten altomfattende gyldighedsområde, som modellen hævder at have, medfører sammen med dens betragtelige kompleksitet, at grænserne for og kvaliteten af dens forklaringer endnu tilbagestår relativt udokumenterede i konkrete tekstlæsninger.

Fludernik har som østriger ansat som professor i engelsk ved et tysk universitet været med til at bygge bro mellem tyske, franske og amerikanske traditioner. Det samme kan siges om *Dorrit Cohn*, der er et af de mest citerede og respekterede navne inden for fortælleteorien, hvilket bl.a. skyldes hendes evne til at skrive klart, skarpt og pædagogisk. Karakteristisk er det i den henseende, at en af hendes mest berømte tekster er en anmeldelse, "The Encirclement of Narrative" (Cohn, 1981), som Genette nævner og diskuterer i det andet uddrag i denne bog. I artiklen sammenligner Cohn Stanzels og Genettes teoribygninger og påviser en række upåagtede ligheder. Cohn er i anmeldelsen såvel som generelt en fremragende brobygger mellem en germansk tradition med bl.a. Käte Hamburger og Stanzel som markante navne og en fransk tradition, som særligt repræsenteres af Genette.

Cohn har stærkest markeret en selvstændig indsats inden for fiktionsteorien. Hendes seneste bog, hvorfra uddraget stammer, har således den vanskeligt oversættelige titel *The Distinction of Fiction*, der blandt flere betydninger rummer ønsket om at kunne opstille skel, som *adskiller* fiktion fra ikke-fiktion. Dette ønske er i øvrigt tydeligvis til stede også i Cohns første bog, *Transparent Minds* (1978), hvor allerede titlen antyder det kriterium, som Cohn opstiller som én "signpost of fictionality", altså et fiktionskendetegn, nemlig adgangen til andre personers tanker. Gengivelsen af andre personers tanker er for Cohn et umiskendeligt fiktionskendetegn.

I det bragte uddrag er Cohns interesse imidlertid ikke først og fremmest, hvordan fiktion kan kendes, altså hvad der ud-mærker fiktionen for nu at spille på en anden dobbeltbetydning i titlen. I uddraget bestemmes således ikke, *hvordan* fiktionen er, men *hvad* den er. Det er som en bestemmelse heraf, at Cohn skriver, at hun vil bruge termen "fiktion" i betydningen *nonreferentiel fortælling*. Derved forstår hun, at "en fiktionsfortælling skaber den verden, den refererer til, ved at referere til den." [se side 129]. Cohns tekster kan ofte karakteriseres som fiktionsontologiske og placerer sig på den måde i narratologiens grænsefelt. Samtidig er det evident, at hendes beskrivelser af fiktionens kendetegn og ontologi er af direkte betydning for centrale narratologiske spørgsmål som "Hvem fortæller?", "Hvad kan en fortæller?" osv.

Cohns påstande om fiktionens kendetegn har været og er stadig genstand for en udbredt debat i de førende engelsksprogede narratologitidsskrifter, bl.a. det amerikanske *Narrative.* Den amerikanske narratolog *James Phelan* har både som deltager i denne debat og som redaktør af netop *Narrative* haft væsentlig indflydelse på narratologiens udvikling. Med sine studier af karakter, retorik og etik i fortællingen er han samtidig en fremtrædende eksponent for nye retninger i narratologien.

Phelan kommer fra en anden tradition end de europæiske, som repræsenteres af eksempelvis Genette og Stanzel. Phelans stil er således meget amerikansk, meget lidt aristokratisk og kan betegnes som i bedste forstand politisk korrekt.

Med den valgte artikel er det Phelans tænkning, vi ønsker at præsentere, og eftersom medforfatteren Mary Patricia Martin ikke har samme indflydelse og betydning, koncentrerer vi præsentationen om Phelan. Imidlertid er det langtfra ukarakteristisk, at artiklen er resultatet af et samarbejde, og at mulige tolkningsforskelle og –uenigheder ikke skjules, men tværtimod eksplicit reflekteres. Phelan gør ofte en dyd ud af uenigheder i den forstand, at han forsøger at teoretisere årsagerne til og betydningen af uenighederne.

At Phelan og Martins artikel er udvalgets længste, skyldes ikke en implicit kvalitetsvurdering, men derimod en indre nødvendighed. I artiklen anvendes, karakteristisk for Phelans arbejde, hvad han selv omtaler som en rekursiv metode. Den vil nødvendigvis antage en vis længde, fordi den lader teori og analyse udvikles gensidigt af hinanden. Forfatterne tager i deres læsning udgangspunkt i det allerede eksisterende begreb om en upålidelig fortæller. Analysen af teksten konfronterer dem med en utilstrækkelighed i begrebet, som fører til en revision heraf, en revision, som så igen anvendes til yderligere at illuminere den analyserede fortælling.

Konkret demonstreres det i artiklen, hvordan Kazuo Ishiguros tekst *The Remains of the Day* lader os se, at begrebet om den upålidelige fortæller, som ikke mindst Booth har sat sit præg på, i mange situationer kommer til kort over for teksten, fordi det er for udifferentieret. Med udgangspunkt i iagttagelsen af, at en ærlig fortæller meget vel kan fortælle upålideligt, hvis han mangler viden eller vurderingsevne, og i, at fortællerens upålidelighed nogle gange må få læseren til at *revidere* det fortalte og andre gange til at *supplere* det fortalte, opstiller Phelan og Martin seks forskellige former for upålidelighed: fejlrapportering, fejlfortolkning, og fejlbetragtning samt underrapportering, underfortolkning og underbetragtning [se side 149].

I modsætning til hvad man kunne tro, gør denne inddeling diskussionen om upålidelige fortællere klarere og mere frugtbar. Efter Phelan og Martins artikel bør ingen kunne tale om en upålidelig fortæller uden at blive afkrævet et svar på, hvilken form for upålidelighed, der menes.

På samme vis som Phelans analyser reaktualiserer og videreudvikler det velkendte begreb om en upålidelig fortæller, genoptager *Brian Richardson* diskussionen af begrebsparret "story" og "discourse". Brian Richardsons forskning retter sig især mod dramaet og mod fortællinger, der ikke restløst lader sig forklare med den klassiske narratologis dikotomier. Således også i den artikel fra 2002, som vi har valgt at bringe.

Artiklen stammer fra den udmærkede antologi *Narrative Dynamics*, der rummer en række klassiske og nye artikler om forholdet mellem tid og fortælling.

Richardsons stil er eksemplarisk for en besindet, ædruelig poststrukturalisme, der ikke for enhver pris undgår systematiseringer, og som er bevidst om det store forklaringspotentiale, der stadig er i den klassiske narratologi. Artiklen fremstår som et katalog over forskellige former for brud med fortællingers kronologi og forløb; brud, der især, men langtfra udelukkende kendetegner postmodernistisk litteratur. Det drejer sig om temporale anomalier såsom plots med flere hinanden udelukkende slutninger eller fortællinger med samtidige, uforenelige tidslige ordner.

Forudsætningen for, at skellet mellem "story" og "discourse", der som nævnt var af fundamental betydning for Chatman i 1978, uproblematisk lader sig opretholde, er, at det, der fortælles om, altså "story'en", faktisk har fundet sted forud for fortællingen om det. Hverdagens fortællinger præsenterer os ikke for problemer i den henseende, da de netop handler om noget, der er gået forud for fortællingen om det. Sådan forholder det sig ikke med nødvendighed i fiktionen, hvilket giver mulighed for de tidslige kortslutninger, som Richardson katalogiserer. Han foreslår at gruppere de forskellige anomalier i forholdet mellem "story" og "discourse" i seks typer og giver eksempler på de forskellige anomaliers karakteristika. Richardsons katalog hverken forkaster eller afviser endegyldigt begrebsparret "story" og "discourse", men anviser veje hinsides den eksisterende teoris grænser i de tilfælde, hvor dennes begreber ikke slår til.

For en umiddelbar betragtning er afstanden stor mellem eksempelvis Stanzels formalistisk-syntetiske cirkel og Phelans tematiske og tentative opdelinger. I det hele taget kan den ekspansion, som de her repræsenterede tekster vidner om, tage sig ud som så voldsom en spredning, at det er vanskeligt overhovedet at tale om ét felt. Imidlertid korresponderer fx den klassiske strukturalistiske narratologi og de nye narratologiske teorier på væsentlige punkter. Når Richardsons tekst fra 2002 ubesværet lader sig placere i dialog med Chatmans tekst fra 1978, skyldes det hverken enighed eller direkte reference, men fælles accept af et bestemt begrebspars fundamentale betydning.

Phelans bestemmelser af fortællerens upålidelighed ligger, med deres præcisionsgrad og analytiske anvendelighed, langt fra Booth's definition, men kunne næppe tænkes foruden.

Fludernik, Stanzel og Genette er uenige om meget, men interessen for fx forholdet mellem fortællepositioner og synsvinkler er fælles for dem alle.

Ønsket om at udpege nogle af de spørgsmål og den grundlæggende erkendelsesinteresse, der trækker forbindelseslinjer på kryds og tværs mellem narratologiens udøvere, har således været medbestemmende for valget af tekster til denne antologi.

WAYNE C. BOOTH

GENERELLE REGLER II: "ALLE FORFATTERE BØR VÆRE OBJEKTIVE"

Uddrag fra *The Rhetoric of Fiction* (kapitel III), Chicago & London: The University of Chicago Press, 1961, ss. 67-77.

En anden type generelt kriterium,[1] der er fælles for mange af den moderne fiktions grundlæggere, drejer sig om forfatterens intellektuelle eller sjælelige tilstand. Et forbavsende antal forfattere, selv de, der opfattede deres arbejde som "selvudtryk", har søgt at komme fri af subjektivitetens tyranni, gentagende Goethes insisteren på, at "Enhver sund bestræbelse... går fra den indre mod den ydre verden."[2] Fra tid til anden har andre rejst sig for at forsvare stillingtagen, engagement, deltagelse. Men, i hvert fald indtil for nylig, har den fremherskende holdning i dette århundrede været at kræve en eller anden form for objektivitet.

Som alle sådanne termer er objektivitet imidlertid mange ting. Bag termen og dens mange synonymer – upersonlig

---

1 [Booth opstiller i hvert af kapitlerne II-V en generel regel, som på en eller anden måde er blevet gjort gældende i litteraturkritikken som en norm for god litteratur. Den *første* type generelt kriterium eller "generel regel" – "Sande romaner må være realistiske" – diskuteres i det foregående kapitel II.]

2 "Conversations with Eckerman", 29. januar 1826, ovs. John Oxenford, som genudgivet i *Criticism: The Major Texts*, ed. Walter Jackson Bate (New York, 1952), s. 403.

holdning, distancerethed, uhildethed, neutralitet etc. – kan vi skelne mellem i det mindste tre separate kvaliteter: neutralitet, upartiskhed og *impassibilité*[3].

NEUTRALITET OG FORFATTERENS "ANDET SELV"

Objektivitet hos en forfatter kan for det første betyde en neutral holdning over for alle værdier, et forsøg på en uhildet rapportering af alt uden hensyn til, om det er godt eller ondt. Som mange litterære tendenser, der fik en begejstret tilslutning, blev også lidenskaben for neutralitet først på et relativt sent tidspunkt overført fra andre kunstarter til fiktionen. Keats sagde allerede i 1818, hvad romanforfattere først begyndte at sige med Flaubert: "Den poetiske karakter... har ingen karakter... Den lever inspireret, hvad enten den er hæslig eller smuk, høj eller lav, rig eller fattig, ringe eller sublim. Den fryder sig lige meget over at undfange en Iago som en Imogen. Hvad der chokerer den dydige filosof begejstrer den kamæleoniske digter. Dens glæde ved tingenes mørke side skader ikke mere end dens smag for den lyse side, for de ender begge i spekulation."[4] Tre tiår senere anbefalede Flaubert romanforfattere, som ville være digtere, en tilsvarende neutralitet. For ham er modellen videnskabsmandens holdning. Når vi har brugt tilstrækkeligt megen tid, siger han, på at "betragte menneskesjælen med den samme upartiskhed, som fysikeren viser i studiet af materien, vil vi have taget et langt skridt

3 [*impassibilité* er lånt fra Flaubert og kan oversættes med "upåvirkelighed".]

4 Brev til Richard Woodhouse af 27. oktober 1818, *The Poetical Works and Other Writings of John Keats*, ed. H. Buxton Forman (New York, 1939), VII, 129.

fremad"[5]. Kunsten skal "med en skånselsløs metode [nå] de fysiske videnskabers præcision."[6]

Det burde her være unødvendigt at vise, at ingen forfatter nogensinde kan opnå denne slags objektivitet. I dag vil de fleste af os, ligesom Sartre, afstå fra analogien med videnskaben, selv hvis vi gik med til, at videnskaben er objektiv i denne forstand. Desuden véd vi nu alle, at en grundig læsning af en hvilken som helst påstand, der forsvarer kunstnerens neutralitet, vil afsløre et engagement; der er altid en eller anden dybere værdi, i forhold til hvilken neutralitet anses som godt. Chekhov, for eksempel, lægger modigt nok ud med et forsvar for neutralitet, men han kan ikke skrive tre sætninger uden at tage stilling: "Jeg frygter dem, der leder efter en tendens mellem linjerne, og som er besluttet på at se mig som enten liberal eller konservativ. Jeg er ikke liberal, ikke konservativ, ikke en, der tror på det gradvise fremskridt, ikke munk, ikke indifferentist. Jeg vil gerne være fri kunstner og ikke mere... Jeg har ingen forkærlighed, hverken for gendarmer eller for slagtere eller for videnskabsmænd eller for forfattere eller for den yngre generation. Jeg betragter varemærker og etiketter som overtro."[7] Så frihed og kunst er godt, overtro dårligt? Inden længe er han nået frem til en direkte afvisning af det

---

5 *Correspondence*, 12. oktober 1853, (Paris 1926-33), III, 367-68. For nogle af de følgende citater fra Flaubert står jeg i gæld til Marianne Bonwits udmærkede monografi *Gustave Flaubert et le principe d'impassibilité* (Berkeley, Calif., 1950). Min skelnen mellem de tre former for objektivitet hos forfatteren er delvist udledt af hendes diskussion.

6 *Ibid.*, 12. december 1857, IV, 243.

7 *Letters on the Short Story, the Drama and Other Literary Topics*, udvalgt og redigeret af Louis S. Friedland (New York, 1924), s. 63.

forsvar for "indifference", som han lagde ud med. "Det helligste af det hellige er for mig det menneskelige legeme, sundhed, intelligens, talent, inspiration, kærlighed, og det mest absolutte frihed – frihed fra vold og løgn, uagtet i hvilken form" (s. 63). Igen og igen afslører han på denne måde den mest lidenskabelige tilslutning til, hvad han ofte kalder objektivitet.

> Kunstneren skal ikke være dommer over sine karakterer og deres konversationer, men kun et uhildet vidne. Jeg overhørte en gang en tilfældig samtale om pessimisme mellem to russere; intet blev løst – og min opgave er at rapportere konversationen nøjagtigt, som jeg hørte den, og lade juryen, dvs. læserne, afgøre dens værdi. Min opgave er bare at bruge mit talent, altså at være i stand til... at belyse karaktererne og tale deres sprog (ss. 58-59).

Men "belyse" med hvilke lys? "En forfatter skal være lige så objektiv som en kemiker; han skal opgive den subjektive linje; han skal vide, at møgbunker spiller en meget respektabel rolle i et landskab, og at onde lidenskaber er livet iboende lige så meget som de gode" (ss. 275-76). I dag har vi lært at spørge til sådanne påstande: Er det *godt* at være tro mod det "iboende"? Er det godt at inkludere alle dele af "landskabet"? I så fald, hvorfor? Ifølge hvilken værdiskala? At afvise én skala implicerer med nødvendighed en anden.

Det ville imidlertid være en alvorlig fejltagelse at afvise enhver snak om forfatterens neutralitet alene på grund af denne elementære og forståelige sammenblanding af neutralitet over for *visse* værdier og neutralitet over for *alle* værdier. Renset for polemiske overdrivelser kan angrebet på subjektivitet ses som hvilende på flere vigtige indsigter.

For at kunne skrive visse værker finder enkelte forfattere det nødvendigt at afvise alle intellektuelle og politiske sager. Chekhov ønsker ikke for sin egen del, som *kunstner*, at være hverken liberal eller konservativ. Flaubert hævder, i 1853, at selv en kunstner, der anerkender kravet om at være en "tredobbelt tænker", selv en kunstner, der accepterer behovet for ideer i overflod, "bør ikke have hverken religion eller fædreland, og ikke en gang en eneste social overbevisning"[8].

Til forskel fra kravet om fuldstændig neutralitet kan dette krav aldrig tilbagevises, og det vil ikke blive offer for skiftende litterære teorier eller filosofiske moder. Ligesom dets modsætning, Sartres og andres krav om, at kunstneren skal være totalt *engagé*, afhænger dets gyldighed af, hvad det er for en slags roman, forfatteren skriver. En del store kunstnere har taget stilling i deres tids store stridsspørgsmål, andre har ikke. En del værker synes at lide under deres engagement (mange af Sartres egne værker, for eksempel, på trods af, at de er fri for autoriale kommentarer), og andre synes at være i stand til at absorbere ret meget engagement (*Den guddommelige komedie*, *Four Quartets*, *Gullivers Travels*, *Darkness at Noon*[9], *Bread and Wine*[10]). Man kan altid finde eksempler, der beviser den ene eller den anden side af sagen; det afgørende er, om forfatterens særlig formål sætter ham i stand til at gøre noget med sit engagement, ikke om han har et eller ej.

---

8 *Corr.*, 26.-27. april 1853, III, 183: "... ne doit avoir ni religion, ni patrie, ni même conviction sociale...."

9 [Arthur Koestler 1940. Da. ovs. af H.C. Branner, *Mørke midt på dagen*, København: Fremad, 1988.]

10 [Ignazio Silone, *Pane e vino* (1934). Da. ovs. af C.L. Skjoldborg, *Brød og Vin*, København: Fremad, 1936.]

Alle er imod alle andres fordomme og for deres eget engagement i sandheden. Vi ser alle gerne, at forfatteren på en eller anden måde imødekommer vor egen lidenskab for sandhed og ret – en lidenskab, som per definition ikke er det mindste præget af fordomme. Argumentet til fordel for neutralitet er derfor nyttigt, for så vidt som det advarer forfatteren om, at han sjældent kan tillade sig at fylde værket med sine egne, uomformede fordomme. Jo dybere han erkender det varige, desto større er chancen for, at han får den kritiske læsers tilslutning. Den skrivende forfatter bør være som Humes ideelle læser i "The Standard of Taste": For at reducere fordommes forvrængende virkninger betragter han sig selv som et "menneske i almindelighed" og glemmer, hvis muligt, sit "individuelle væsen" og sine "særlige omstændigheder".

At sige det på denne måde er imidlertid at undervurdere vigtigheden af forfatterens individualitet. Når han skriver, skaber han ikke simpelthen et ideelt, upersonligt "menneske i almindelighed", men en implicit version af "sig selv", der er forskellig fra de implicitte forfattere, vi møder i andres værker.[11] For nogle forfattere har det faktisk virket, som om de opdagede eller skabte sig selv, idet de skrev. Som Jessamyn West siger, er det nogle gange "kun ved at skrive historien, at forfatteren kan opdage – ikke sin historie – men dens forfatter, denne fortællings officielle skriver, så at sige".[12] Om

11 [Booths udtryk *implied author* vil kunne oversættes med såvel *antydet* som *forudsat* forfatter. Oversættelsen "*implicit* forfatter" har imidlertid vundet hævd på dansk, ligesom den også er almindelig på fx tysk og fransk.]

12 "The Slave Cast Out", i *The Living Novel*, ed. Granville Hicks (New York, 1957), s. 202. Miss West fortsætter: "At skrive er på en måde at spille roller, at afprøve masker, at påtage sig roller,

vi nu kalder denne implicitte forfatter en "officiel skriver" eller overtager den term, som Kathleen Tillitson genoplivede for nylig – forfatterens "andet selv"[13] – så er det klart, at det billede, læseren får af hans tilstedeværelse, er en af forfatterens vigtigste effekter. Uanset hvor upersonlig han forsøger at være, vil hans læser uundgåeligt opbygge et billede af den officielle skriver, der skriver på denne måde – og denne officielle skriver vil selvfølgelig aldrig være neutral over for alle værdier. Vore reaktioner på hans forskellige positioner, skjulte eller åbne, er en hjælp til at forme vor respons på værket. Jeg er nødt til at gemme spørgsmålet om læserens rolle i dette forhold til kapitel V.[14] Vort nuværende problem er det intrikate forhold mellem den såkaldte virkelige forfatter og hans forskellige officielle versioner af sig selv.

Vi må sige forskellige versioner, for uanset hvor oprigtig en forfatter forsøger at være, vil hans forskellige værker im-

---

ikke for sjov, men af desperat nødvendighed, ikke for ens egen skyld, men for skrivningens skyld. 'At lave et hvilket som helst kunstværk', siger Elizabeth Sewell, 'er at lave, eller snarere at ulave og lave sig selv om'."

13 I hendes tiltrædelsesforelæsning ved Londons Universitet, udgivet som *The Tale and the Teller* (London, 1959). "Om George Eliot skriver Dowden i 1877, at den form, der bliver hængende i bevidstheden efter læsningen af hendes romaner, ikke er nogen af karaktererne, men 'en som er, hvis ikke den virkelige George Eliot, det andet selv, der skriver hendes bøger og lever og taler gennem dem'. Det 'andet selv', fortsætter han, er 'mere substantielt end nogen rent menneskelig personlighed' og har 'færre betænkeligheder'; for bag det lurer veltilfreds det veritable historiske selv i sikkerhed for uforskammet iagttagelse og kritik'" (s. 22).

14 [Kapitel V hedder *Generel Rules, IV: Emotions, Beliefs, and the Reader's Objectivity* (*Emotioner, trosforestillinger og læserens objektivitet*.)]

plicere forskellige versioner, forskellige ideelle kombinationer af normer. Ligesom ens personlige breve implicerer forskellige versioner af en selv, betinget af forskelle mellem de forhold, man har til hver enkelt korrespondent, og af brevenes forskellige formål, gør forfatteren sig umage for at være i overensstemmelse med de forskellige værkers særlige behov.

Disse forskelle er mest oplagte, når det andet selv har en åben, talende rolle i historien. Når Fielding kommenterer, giver han os eksplicitte beviser på denne forskel fra værk til værk; ingen enkelt version af Fielding fremkommer ved at læse det satiriske *Jonathan Wild*, de to store "komiske eposer på prosa" *Joseph Andrews* og *Tom Jones*, og den besværlige hybrid, *Amelia*. Der er mange ligheder mellem dem, selvfølgelig; alle de implicitte forfattere værdsætter velvilje og generøsitet; alle afskyr selvcentreret brutalitet. I disse og mange andre henseender er de ikke til at skelne fra de fleste betydelige værkers implicitte forfattere frem til vort århundrede. Men bevæger vi os ned fra dette generelle niveau for at se på hver romans særlige ordning af værdier, finder vi en stor variationsbredde. *Jonathan Wild*s forfatter er per implikation stærkt optaget af offentlige affærer og af ubændige ambitioners virkning på de "store mænd", som opnår magt i verden. Hvis vi kun havde denne roman af Fielding, ville vi slutte, at han i sit virkelige liv var meget mere målbevidst opslugt af sin rolle som magistrat og reformator af offentlig sæd og skik, end det antydes af *Joseph Andrews'* og *Tom Jones'* implicitte forfatter – for ikke at tale om *Shamela* (hvad vil vi slutte os til om Fielding, hvis han ikke havde skrevet andet end *Shamela*!). På den anden side, den forfatter, der hilser os på den første side af *Amelia*, har intet af den anstrengte humor kombineret med storslået ubekymrethed, som vi møder fra begyndelsen i *Joseph Andrews* og *Tom Jones*. Lad os antage, at Fielding aldrig havde skrevet andet end *Amelia*, fyldt som den er med den slags kommentarer, vi finder i begyndelsen:

De forskellige ulykker, der tilstødte et meget agtværdigt par efter deres forening i ægtestanden, vil være emnet for den følgende historie. Nogle af de trængsler, de vadede gennem var så udsøgte, og de tildragelser der producerede dem så usædvanlige, at de syntes at kræve, ikke alene den yderste ondsindethed, men den yderste opfindsomhed, som overtro nogensinde har tilskrevet Fortuna. Men om der overhovedet var et sådant væsen, der blandede sig her, eller om der virkelig er et sådant væsen i universet, det er en sag, som jeg ikke på nogen måde drister mig til at give et bekræftende svar på.

Kunne vi nogensinde slutte fra dette til de tidligere værkers Fielding? Skønt *Amelia*s forfatter stadig nu og da kan hengive sig til spøgefuldheder og ironi, så er den generelle tone af sententiøs alvor i stram overensstemmelse med de meget specielle virkninger af værket som helhed. Vort billede af ham dannes selvfølgelig kun delvist af fortællerens eksplicitte kommentarer; det påvirkes endnu mere af den art historie, han vælger at fortælle. Men kommentarerne gør et forhold eksplicit for os, som er til stede i al fiktion, selv om det kan gå ubemærket hen i fiktion uden kommentarer.

Det er et mærkeligt faktum, at vi mangler termer, både for dette skabte "andet selv" og for vort forhold til ham. Ingen af vore termer for forskellige aspekter af fortælleren rammer forholdet helt præcist. "Persona", "maske" og "fortæller" bruges nogle gange, men de refererer almindeligvis til taleren i værket, og denne er trods alt kun et af de elementer, der skabes af den implicitte forfatter, og han kan være adskilt fra ham ved stor ironi. "Fortælleren" opfattes som regel som værkets "jeg", men "jeget" er sjældent, hvis nogensinde, identisk med det implicitte billede af kunstneren.

"Tema", "mening", "symbolsk betydning", "teologi", og endda "ontologi" – alle disse termer er blevet brugt til at beskrive de normer, som læseren må forstå i hvert værk, hvis han skal kunne få et adækvat greb om det. Sådanne termer er nyttige for visse formål, men de kan være misvisende, for de kommer næsten uundgåeligt til at se ud som formål, for hvis skyld værket eksisterer. Skønt gamle dages bestræbelser på at finde temaet eller moralen i almindelighed er blevet fornægtet, kan den nyere søgen efter den "mening", som værket "kommunikerer" eller "symboliserer", ende med samme slags mislæsninger. Det er rigtigt, at begge arter af søgning, selv nok så klodset udført, er udtryk for et fundamentalt behov: læserens behov for at vide, hvor han står i en verden af værdier – det vil sige at vide, hvor forfatteren ønsker at placere ham. Men de fleste læseværdige værker har så mange mulige "temata", så mange mulige mytologiske eller metaforiske eller symbolske paralleller, at blot det at finde en af dem og erklære den som det, værket er til *for*, i bedste fald er at udføre en meget lille del af kritikkens opgave. Vor idé om den implicitte forfatter omfatter ikke kun de meninger, der kan findes i teksten, men også det moralske og emotionale indhold i hvert lille stykke af karakterernes handling og lidelse. Den omfatter kort sagt den intuitive opfattelse af et fuldført artistisk hele; den hovedværdi, der bliver udtrykt ved værket som total form, er en værdi, som *denne* implicitte forfatter står inde for, uagtet hans skabers standpunkter i det virkelige liv.

Tre andre termer bliver undertiden brugt som navne for den kerne af normer og valg, som jeg kalder den implicitte forfatter. "Stil" bruges af og til for bredt at dække, hvad der til enhver tid giver os en fornemmelse, fra ord til ord og linje til linje, af, at forfatteren ser dybere og dømmer mere dybsindigt end de karakterer, han præsenterer. Men skønt stil er en af vore hovedkilder til indsigt i forfatterens normer, så ekskluderer ordet *stil* med dets overtoner af det kun rent verbale vor fornemmelse af forfatterens dygtighed i valg af karakter og episode og scene og idé. "Tone" er ligeledes blevet brugt til at referere til den implicitte værdisætning, som forfatteren administrerer bag sin eksplicitte præsentation,[15] men det kan næsten ikke undgå at antyde noget, der er begrænset til det kun verbale; visse aspekter af den implicitte forfatter kan udledes af tonale variationer, men hans hovedegenskaber vil også afhænge af handling og karakter, den fortalte histories hårde kendsgerninger.

Ligeledes er "teknik" til tider blevet udvidet til at dække alle mærkbare tegn på forfatterens kunstfærdighed. Hvis alle brugte "teknik", som Mark Schorer gør,[16] således at det dækker næsten hele omfanget af de valg, forfatteren har foretaget,

---

15 Fx Fred B. Millett, *Reading Fiction* (New York, 1950): "Denne tone, den generelle følelse, der gennemtrænger og omgiver værket, skyldes i sidste ende forfatterens holdning til sit emne ... *Emnet får sin mening fra det livssyn, forfatteren har valgt*" (s. 11).

16 "Når vi taler om teknik, taler vi næsten om alt. For teknik er det middel, ved hvilket forfatterens oplevelse, som er hans stoflige emne, tvinger ham til at koncentrere sig om emnet; teknik er det eneste middel, han har til at opdage, udforske og udvikle det, og til at formidle dets mening, og i sidste ende til at evaluere det .... I fiktionslitteratur er teknik selvfølgelig alle fiktionens oplagte former, der sædvanligvis anses for at være alt, hvad der er i den, og mange andre" ("Technique as Discovery", *Hudson Review*, I [Spring 1948], 67-87; som genoptrykt i *Forms of Modern Fiction*, ed. Wm. Van O'Connor [Minneapolis, Minn., 1948], ss. 9-29; se i særdeleshed ss. 9-11).

da ville det meget fint tjene vore formål. Men det gives sædvanligvis en meget snævrere betydning, og derfor kan det ikke bruges. Vi kan alene stille os tilfreds med en term, der er lige så bred som værket selv, men stadig evner at gøre opmærksom på værket som et produkt af en vælgende, evaluerende person snarere end en selv-eksisterende ting. Den "implicitte forfatter" vælger, bevidst eller ubevidst, hvad vi læser; vi drager den slutning, at han er en ideal, litterær, skabt version af det virkelige menneske; han er summen af sine egne valg.

Det er kun ved at skelne mellem forfatteren og hans implicitte billede, at vi kan undgå meningsløs og uverificerbar snak om egenskaber som forfatterens "oprigtighed" eller "seriøsitet". Når Ford Madox Ford ser Fielding og Defoe og Thackeray som uformidlede forfattere af deres romaner, må han nødvendigvis ende med at fordømme dem som uoprigtige, for det er al grund til at tro, at de skrev "passager med dydige bestræbelser, som ikke på nogen måde var deres egne bestræbelser"[17]. Formentlig støtter han sig til ydre evidens for Fieldings mangel på dydige bestræbelser. Men vi har kun værket som evidens for den eneste slags oprigtighed, der interesserer os: Er den implicitte forfatter i harmoni med sig selv – det vil sige, er hans øvrige valg i harmoni med hans eksplicit narrative karakter? Hvis en fortæller, der præsenteres for os med alle troværdige tegn på, at han er en pålidelig talsmand for forfatteren, bekender sig til værdier, som aldrig bliver realiseret i værket som helhed, da kan vi tale om et

17 *The English Novel* (London, 1930), s. 58. Se Geoffrey Tillotson, *Thackeray the Novelist* (Cambridge, 1954), særlig kap. iv, "The Content og the Authorial 'I'" (ss. 55-70), for et overbevisende argument for, at "jeget" i Thackerays værker omhyggeligt må holdes adskilt fra Thackeray selv.

uoprigtigt værk. Et stort værk etablerer sin implicitte forfatters "oprigtighed", uanset hvor groft den mand, der skabte denne forfatter, måtte gøre de værdier, der er legemliggjort i værket, til skamme ved *andre* adfærdsformer. Efter alt hvad vi véd, levede han sit livs eneste oprigtige øjeblik, idet han skrev sin roman.

Med distinktionen mellem forfatter og implicit forfatter finder vi desuden en position mellem teknisk irrelevant snak om kunstnerens objektivitet og den generende fejl at lade som om, en forfatter kan tillade, at hans egne umiddelbare problemer og ønsker trænger sig på. De store forsvarere af objektivitet havde en vigtig sag, og de vidste det. Flaubert har ret i at sige, at Shakespeare ikke maser sig klodset ind i sit værk. Vi bliver aldrig plaget med hans ufordøjede personlige problemer. Flaubert har også ret i at skælde Louise Colet ud for at skrive "La Servante" som et personligt angreb på Musset – den personlige lidenskab ødelægger digtets æstetiske værdi (9.-10. januar 1854). Og han har bestemt ret, når han tvinger helten i ungdomsversionen af *Følelsernes opdragelse* (1845) til at vælge mellem bekendelsesskrift og et sandfærdigt fremstillet kunstværk.

Men har han ret, når han hævder, at vi ikke véd, hvad Shakespeare elskede eller hadede?[18] Måske – hvis han kun mener, at vi ikke nemt kan se af hans skuespil om manden Shakespeare foretrak blondiner for brunetter, eller om han havde noget imod bastarder, jøder eller maurere. Men påstanden tager helt bestemt fejl, hvis den betyder, at den impli-

---

18 "Qu'est qui me dira, en effet ce que Shakespeare a aimé, ce qu'il a haï, ce qu'il a senti?" [Hvem kan egentlig sige mig, hvad Shakespeare faktisk har elsket, hvad han har hadet, hvad han har følt?] (*Corr.*, I, 366).

citte forfatter i Shakespeares skuespil er neutral over for alle værdier. Vi véd, hvad *denne* Shakespeare elskede og hadede; det er vanskeligt at forstå, hvordan han overhovedet kunne have skrevet sine skuespil, hvis han havde afstået fra en hård kurs over for i det mindste en eller to af de syv dødssynder. Jeg vender i kapitel V tilbage til spørgsmålet om trossystemer i litteraturen og forsøger der at opregne en række værdier, som Shakespeare tilslutter sig. I det store og hele er de ikke personlige, idiosynkratiske; Shakespeare er ikke i den forstand subjektiv. Men de er umisforståeligt overskridelser af sand neutralitet; den implicitte Shakespeare er fuldstændigt knyttet til liv, og han lægger ikke skjul på sin dom over det selviske, det tåbelige og det grusomme.

Selv hvis alt dette benægtes, er det vanskeligt at se, hvordan der skulle være en nødvendig forbindelse mellem neutralitet og fravær af kommentarer. En forfatter kan meget vel bruge kommentarer for at advare læseren mod at dømme. Men hvis jeg har ret i at hævde, at neutralitet er umulig, vil selv den mest tilsyneladende neutrale kommentar afsløre et eller andet engagement.

En gang levede i Berlin, Tyskland, en mand kaldet Albinus. Han var rig, respektabel, lykkelig; en dag forlod han sin kone til fordel for en ung elskerinde; han elskede; blev ikke elsket; og hans liv endte i ulykke.

Dette er hele historien, og vi kunne have ladet det blive med det, hvis der ikke havde været gavn og glæde ved at fortælle den; og selv om der er masser af plads på en gravsten til at rumme, indbundet i mos, den forkortede version af en mands liv, er detaljer altid velkomne.[19]

---

19 Vladimir Nabokov, *Laughter in the Dark* (New York, 1938), s. 1.

Nabokov kan her have renset sin fortællers stemme for ethvert engagement med undtagelse af ét, men dét er til gengæld umådeligt stærkt: Han tror på den ironiske interesse – og, som det senere viser sig, det gribende – i en mands forudbestemte selvdestruktion. Idet han holder den samme distancerede tone, kan forfatteren trænge sig på, som det passer ham, uden at gøre vold på vor overbevisning om, at han er så objektiv, som det er menneskeligt muligt at være. Han kan beskrive skurken og kalde ham en "farlig mand" og "en virkelig fin kunstner" uden at formindske vor tillid til, at han har et åbent sind. Men han er ikke neutral over for alle værdier, og han gør ikke krav på at være det.

WAYNE C. BOOTH

TELLING SOM SHOWING: DRAMATISEREDE FORTÆLLERE, PÅLIDELIGE OG UPÅLIDELIGE

Uddrag fra *The Rhetoric of Fiction* (kapitel VIII), Chicago & London: The University of Chicago Press, 1961, ss. 211-215.

PÅLIDELIGE FORTÆLLERE SOM DRAMATISEREDE TALSMÆND FOR DEN IMPLICITTE FORFATTER

Hvad er konteksten, når Fieldings fortæller blander sig, mod slutningen af *Joseph Andrews*, for at sige om Fanny: "Hvorledes, læser, skal jeg give dig et adækvat begreb om dette yndige unge væsen? ... for at begribe hende fuldstændigt, forestil dig ungdom, sundhed, friskhed, skønhed, nethed og uskyld, i ægtesengen; forestil dig alt dette i yderste perfektion, og du vil se den fortryllende Fannys billede for dine øjne"?[1] Hans tidligere kommentarer er åbenbart en del af konteksten. Men hvis det er sådan, hvordan forholder denne nye kontekst sig, som selv består af "indblandinger", til historien som helhed? Og hvad med den endnu større kontekst, forfatterens og læserens tidligere erfaring med fiktion?

Begrebet om funktion, som vi har arbejdet med indtil nu, skal åbenbart udvides. Selv om kommentarer har været tjenlige på den måde, vi skitserede ovenfor,[2] og selv om ingen

---

1 [Gengivet med mindre ændringer efter Mogens Boisens oversættelse, København: Gyldendal 1962, s. 351.]

2 [Det foregående kapitel VII, "The Uses of Reliable Commentary"

anden teknik kunne have været lige tjenlig, så er det også sandt, at det at tage bestik af disse funktioner kun er det første skridt i retning af at forklare de store kommentatorers kraft. I *Don Quijote* fx kan vor glæde ved de forskellige fortælleres kommentarer ikke helt forklares ved at vise, at kommentaren tjener til at højne effekten af ridderens eventyr. Selv om Cid Hamete Benengelis afsked med sin pen er en parallel i komisk stil til Don Quijotes afsked med sine bøger og med livet selv, vil en sådan parallel ikke helt kunne forklare det frydefulde i denne passage: "Her på dette nøglebræt skal du hænge i din kobbertråd, hvad enten du nu var godt skåret eller slet tilspidset, min kære pen, og dér skal du leve i mange, lange århundreder, såfremt ikke indbildske og røveriske historieskrivere tager dig ned for at vanhellige dig... For mig alene blev Don Quijote født, og jeg for ham; han forstod at øve bedrifter, og jeg at nedskrive dem; vi to er uadskilleligt forenede til spot og græmmelse for den forspildte skribent fra Tordesillas, der har fordristet sig eller i fremtiden vil fordriste sig til at nedskrive min tapre ridders bedrifter med en grov og plump strudsefjer..."[3]

Effekten er her sammensat af mange elementer. Der er glæde ved det rent ornamentale: historien om forfattere, der blander sig, er fuld af overstrømmende narrativ frodighed, som om historien i deres fortællinger, om end aldrig så god,

---

(Brug af pålidelige kommentarer) er en omfattende gennemgang af forfatteres forskellige måder at bruge "pålidelige" kommentarer på.]

3 [Efter Charlotte Buhls oversættelse, revideret og bearbejdet af Tom Smidth, i: Miguel de Cervantes Saavedra, *Den sindrige Herremand Don Quijote af Manchas Levned og Bedrifter*, København: Martins Forlag, 1963, bd. 2, s. 576.]

i sig selv ikke er rig nok for forfatterens geni. Der er parodier over tidligere fiktion: At overgive sværd, fløjter, horn og andre romantiske objekter var del af den tradition, som blev latterliggjort i *Don Quijote*. Men ganske åbenbart er den vigtigste kvalitet her noget helt andet: Fortælleren har gjort sig selv til en dramatiseret karakter, som vi reagerer på, ligesom vi reagerer på andre karakterer.

Fortællere som Cid Hamete, der kan tale for de normer, som handlingen er baseret på, kan blive ledsagere og vejledere helt uafhængigt af de undere, de kan vise os. Vor beundring eller indtagethed eller sympati eller fascination eller ærefrygt – ikke to af disse fortællere affekterer os på præcis den samme måde – er mere intens, netop fordi den er blevet gjort personlig; narrationen er selv en dramatisk fremstilling af et forhold til forfatterens "andet selv", som i upersonlig fiktion ofte er mindre livfuld, fordi den kun er implicit.

Der har været meget lidt kritisk diskussion af dette forhold. Men det er ikke svært at finde indrømmelser af dets virkning. I begyndelsen af *The Catcher in the Rye* (1951) siger J. D. Salingers teenagerhelt: "Det, der virkelig betyder noget for mig, er, at når du har læst den færdig, ønsker du, at forfatteren var en mægtig god ven af dig, og du kunne ringe til ham, hver gang du havde lyst." Mange mere modne læsere har bemærket, at de føler på samme måde.[4] Selv Henry

4 Se fx: (1) Clayton Hamilton, *Materials and Methods of Fiction* (London, 1909): "Mange læsere vender atter og atter tilbage til 'The Newcomes', ikke så meget for lysten til at se Londons high society som for lysten til at se Thackeray se det" (s. 132); (2) G. U. Ellis, *Twilight on Parnassus: A Survey of Post-war Fiction and Pre-war Criticism* (London, 1939): "Det var ikke kun retorik, der fik *The Times* til at sammenligne ham [Dickens] med en per-

James kan, på trods af sin mistro til forfatterens stemme, ikke modstå tiltrækningen fra en stor, snakkesalig forfatter som Fielding. Efter at have beskrevet Tom Jones' sjælelige mangler og hans vitalitets delvise kompensation for dem, siger James: "Foruden at hans forfatter – og *han* er smukt i besiddelse af sine fulde fem – har en sådan rummelighed af refleksion for ham og rundt om ham, at vi ser ham gennem Fieldings milde atmosfære af fin, gammel moralisme, fin gammel humor og fin gammel stil, som på en eller anden måde forstørrer og gør, at alt og alle bliver vigtigt."[5]

Det kan være overdrevent at kalde dette et identificeringsforhold, som Paul Goodman og H. W. Leggett gør,[6] men til tider overgiver vi os faktisk til de store forfattere og tillader, at vor dømmekraft fuldstændig smelter sammen med deres. Vor overgivelse behøver ikke blive dramatiseret ved at lægge den i munden på fortælleren, men det er i dens tjeneste, mange kommentarer finder deres vigtigste retfærdiggørelse. Mange kommentarer, som synes overdrevne, når de dømmes

---

sonlig ven. I hver bog møder vi ham, slentrende af sted ved vor side... til vi, som en slags infektion, fanger hans stemning... Når vi bagefter, i en mere nøgtern stemning, opdager, at hans verden stort set er fantasi, forbliver han levende og nærværende for os som en, vi personligt holder meget af" (s. 121); og (3) Harold J. Oliver, "E. M. Forster: The Early Novels," *Critique*, I (Summer, 1957), 15-32: "Den alvidende fortællemetode... kan meget vel være den bedst mulige, hvis forfatterens personlighed skal være et vigtigt element i det hele. Sådan er det med Forster" (s. 30).

5 Forordet til *The Princess Casamassima*, s. 68.

6 "I romaner identificerer vi os med den alvidende fortæller" (Goodman, *Structure of Literature* [Chicago, 1954], s. 153). "Det er virkelig sandt, at læseren af fiktion snarere identificerer sig selv med historiens forfatter end med dens karakterer" (H. W. Leggett, *The Idea in Fiction* [London, 1934], s. 188).

efter funktionens snævre standard, er fuldt ud forsvarlige, når de ses som et bidrag til vor fornemmelse af at rejse med en pålidelig ledsager, en forfatter, som åbent slås for at yde sit materiale retfærdighed. George Eliot, for eksempel, involverer os ustandseligt i sin kamp for sandheden, endda på bekostning af skønhed eller lyst. "›Denne sognepræst i Broxton er ikke meget bedre end en hedning!‹ hører jeg en af mine læsere udbryde. ›Hvor meget mere opbyggeligt ville det ikke have været, hvis De havde fået ham til at give Arthur et sandt åndeligt råd! De kunne have lagt ham de skønneste ting i munden – lige så godt som at læse en prædiken‹." Historien om *Adam Bede* (1859) holder inde over flere sider, mens hun giver sit svar til "min gode kritiker". "Vist kunne jeg det, hvis jeg så det som en romanforfatters højeste kald at repræsentere tingene, som de aldrig har været og aldrig vil blive." Men hendes "kraftigste anstrengelse drejer sig om at undgå ethvert vilkårligt billede og give en pålidelig beretning om mennesker og ting, som de har spejlet sig selv i min sjæl." Selv hvis spejlet er "defekt", føler hun sig "forpligtet til at fortælle Dem så præcist, jeg kan, hvad den genspejling er, som var jeg i vidneboks og fortalte under ed." Ude af kontekst kan dette lyde af lidt for meget, endda pralende. Men i kontekst kan det være overbevisende. "Så jeg er tilfreds med at fortælle min enkle historie uden at prøve på at få tingene til at se bedre ud, end de var; jeg frygter virkelig intet, kun falskhed, som der på trods af ens bedste vilje er grund til at frygte. Falskhed er så nem, sandhed så vanskelig."[7] Åbenbart er det en effekt

7 *Adam Bede*, anden bog, kap. xvii, "Hvor historien holder en lille pause". W. J. Harvey har indvendinger mod netop denne indblanding på grund af dens "ærkekløgtighed". "Læseren bliver frastødt af, at hans reaktioner bliver bestemt for ham; han føler, det er

af denne passage, at den påminder os om, at sognepræsten *er* mere overbevisende, end et idealiseret portræt ville være. Men en vigtigere effekt består i at involvere os på den ærlige, opmærksomme, måske lidt ubehjælpelige, men uden tvivl kompromisløse forfatters side i hendes næsten overvældende anstrengelse for at undgå falskhed.

Selv den mest klodset formulerede indblanding kan undskyldes, hvis den giver indtryk af, at fortælleren virkelig er dybt optaget af det, han gør. Den uelegante slutning i Melvilles *Billy Budd*, for eksempel, tjener til at minde os om forfatterens meget reelle problemer og får os derfor til at tilgive enhver tilsyneladende fejl. "Den formens symmetri, der kan opnås i ren fiktion, er ikke så let at opnå i en fortælling, der har væsentligt mindre at gøre med fabel end med fakta. Kompromisløst fortalt sandhed vil altid have sine forrevne kanter... Skønt historien slutter med hans liv, skal der ikke mangle noget i retning af et efterspil. Tre kapitler er tilstrækkelige" (s. 274, kap. xxix).

---

ham og ikke karaktererne, der er en dukke, som manipuleres af forfatteren ("George Eliot and the Omniscient Author Convention", *Nineteenth-Century Fiction*, XIII [September, 1958], s. 88). Men George Eliot sigter helt klart på vor afvisning af denne fromme, kvindelige læser (Første udg.: "en af mine kvindelige læsere"). Mr. Harvey leverer et fortrinligt forsvar for George Eliots sædvanlige praksis. "Den 'virkelighedsillusion', som denne art fiktion sigter mod, er ikke illusionen om en selvtilstrækkelig verden, et intakt og autonomt fiktionalt mikrokosmos, som i den James'ske modus, men en verden, der deler grænse med den 'virkelige' verden, det faktiske makrokosmos. Forfatteren bygger bro mellem de to verdener... Der skal ikke trækkes nogen skarp grænse mellem realt og fiktionalt her; kanterne er slørede, og den alvidende forfatter tillader os en nem overgang fra den ene verden til den anden" (s. 90).

Dostojevski er ofte en mester i at få narrationen til at se ud som en del af en kamp. Når han siger, at han ikke "føler sig særlig kompetent" over for den enorme opgave foran ham, er virkningen aldrig at få os til at tvivle på hans kompetence. Hans tilbøjelighed til at identificere sig selv og sine svagheder med heltens er i særdeleshed effektiv. I *Dobbeltgængeren* er der en fin satirisk passus om det forfængelige i forfatterens ønske om at portrættere den gloriøse verden, i hvilken helten lige så forfængeligt ønsker at hævde sig.

FRANZ K. STANZEL

NYKONSTITUERINGEN AF DE TYPISKE FORTÆLLESITUATIONER

Fra *Theorie des Erzählens*, Göttingen: Vandenhoeck & Ruprecht, 1979, ss. 68-85.

"Bitzer", sagde Thomas Gradgrind. "Din definition på en hest".

"Firbenet. Græsædende. Fyrre tænder, nemlig fireogtyve kindtænder, fire hjørnetænder og tolv fortænder. Fælder hårbeklædning om foråret, i sumpområder fælder den hove også. Hove hårde, men kræver skoning med jern. Alder ses ved mærker i munden." Således (og mere), Bitzer.

"Nu, pige nummer tyve", sagde Mr. Gradgrind, "ved du hvad en hest er".

(Ch. Dickens, *Hard Times*[1])

Siden 1955, udgivelsesåret for *Die typische Erzählsituationen im Roman*,[2] har fortælleforskningen gjort så store fremskridt, at den dén gang fremlagte teoretiske begrundelse for fortællesituationernes typer i dag er utilstrækkelig. Diskussionens

---

1 [Citat gengivet med mindre ændringer efter Eva Hemmer Hansens oversættelse *Strenge tider*, København: Hernovs Forlag, 1977, s. 5.]

2 [Stanzel, Franz K., *Die Typische Erzählsituationen im Roman. Dargestellt an Tom Jones, Moby-Dick, The Ambassadors, Ulysses*, Wien – Stuttgart: Wilhelm Braumüller, 1955.]

aktuelle niveau på dette område kræver på den ene side en indgående afdækning af udgangspositioner og antagelser, på den anden side en formalisering af den fremgangsmåde, der anvendes ved konstituering af typerne. Begge krav skal i dette kapitel indløses i et omfang, som svarer til undersøgelsens rammer og målsætning. Samtidig vil også enkelte videreførende og kritiske argumenter, som – udløst af *Typische Erzählsituationen* og *Typische Formen*[3] – blev fremført i den faglige debat, blive inddraget i diskussionen.[4]

En af de hyppigst fremførte indvendinger mod fortællesituationernes typer beror på den antagelse, at disse typer skematiserer fortælleforløbet på en måde, der rammer forbi det enkelte fortælleværks individuelle særpræg og kompleksitet. Det var selvfølgelig ikke hensigten med typologien for fortællesituationerne at indskrænke narrationens mangefold af muligheder til et lille antal kategorier; også dét vil i det følgende blive tydeligere end i tidligere fremstillinger.[5] Da en romans fortællesituation til stadighed, dvs. fra kapitel til kapitel eller

---

3 Stanzel, Franz K. *Typische Formen des Romans*, Göttingen: Vandenhoeck & Ruprecht, [1964] 1993.

4 Den nyeste større kritiske diskussion med *Typische Erzählsituationen* (næsten et kvart århundrede efter dens udgivelse!) kunne ikke længere inddrages i enkeltheder, men flere af de der fremførte indvendinger er der på forhånd taget højde for: Jürgen H. Petersen, "Kategorien des Erzählens. Zur systematischen Deskription epischer Texte", *Poetica* 9 (1977), 167-195. Petersens kritik, så rammende den end er i enkelte punkter af den teoretiske ansats, mangler desværre næsten fuldstændigt sans for den historiske dimension, som et litteraturvidenskabeligt arbejde også befinder sig i. En fortælleteori, der blev konciperet i 50'erne, kan ikke uden videre bedømmes ved at anvende en fortælleteori fra 1970 som målestok.

fra afsnit til afsnit, er underkastet modifikationer, bliver det nødvendigt, ikke kun overordnet at bestemme en af de tre fortælleformers dominans i en roman (fx "autorial roman"), som i de tidligere anvendelser af denne typologi, men også at være særlig opmærksom på fortællesituationernes løbende modifikationer, overgange, overlejringer fra en fortællings begyndelse til dens slutning. Denne tilpasning af typerne til det særlige ved enkelte fortælletekster kalder vi, for kortheds skyld, "dynamiseringen" af de typiske fortællesituationer.[6] Den bliver udførligt fremstillet i dette kapitels andet afsnit.

I et senere afsnit skal endelig de formkræfter beskrives, der modvirker fortælleforløbets dynamisering. Det drejer sig om tendenser, der nivellerer middelbarhedens[7] gestaltning,

5 Enkelte af de følgende overvejelser var allerede skitseret for nogle år siden, men er først for nylig offentliggjort i mit bidrag "Zur Konstituierung der typischen Erzählsituationen", i: *Zur Struktur des Romans*, Darmstadt 1978, 558-576.

6 At dynamisere de typiske fortællesituationer, altså at tilpasse de fortælleteoretiske begreber til fortælletekstens processuale karakter, det er i en vis forstand en fremgangsmåde, som er den modsatte af den strukturalistiske og lingvistiske narratologis, som tilstræber – ved "rewriting" (J. Ihwe) eller gennem "normalization" (W. O. Hendricks) – at formalisere fortælleteksten og dermed at tilpasse den til analysens begrebslige instrumentarium. Jf. Jens Ihwe, "On the Foundations of a General Theory of Narrative Structure" og William O. Hendricks, "The Structural Study of Narration: Sample Analysis", *Poetics* 3 (1972), 7 og 101.

7 [Middelbarhed (ty. *Mittelbarkeit*) er et basisbegreb for Stanzel (jf. *Theorie des Erzählens*, kap. I: "Mittelbarkeit als Gattungsmerkmal der Erzählung" (Middelbarhed som fortællingens genrekendetegn), og kapitel II, "Nullstufen der Mittelbarkeit" (Middelbarhedens nultrin). Begrebet må ikke forveksles med et lignende, kommunikationsteoretisk begreb om meddelbarhed og medde-

og som først og fremmest kan iagttages på trivialromanens område. Disse fænomener bliver sammenfattet under begrebet "skematisering" af fortællesituationen.

DEN TYPISKE FORTÆLLESITUATIONS KONSTITUENTER: PERSON, PERSPEKTIV, MODUS

Som det allerede har vist sig ovenfor,[8] er middelbarhed som narrationens genrespecifikum et komplekst fænomen i flere niveauer. For at gøre dette genrespecifikum til grundlag for en typologi for den fortællende formidlings former, dvs. fortællemåderne, er det nødvendigt at opløse komplekset i dets vigtigste konstituenter. Disse begyndte allerede at aftegne sig, omend kun skitseagtigt, i den foregående overvejelse om de forskellige trin i udformningen af middelbarhed. De skal nu defineres mere nøjagtigt.

Den første konstituent er indeholdt i spørgsmålet "Hvem fortæller?" Svaret lyder: en fortæller, der kan fremtræde for læseren som selvstændig personlighed eller træde så langt tilbage for det fortalte, at han praktisk talt bliver usynlig for læseren. Dermed er allerede to af narrationens grundformer givet i omrids; distinktionen mellem dem er relativt anerkendt i fortælleteorien og bruges mest i følgende begrebspar: "egentlig" og "scenisk fortælling" (O. Ludwig), "panoramic" og "scenic presentation" (Lubbock), "telling" og "showing" (N. Friedman), "berettende fortælling" og "scenisk fremstilling" (Stanzel).[9] Mens de begreber, der er foreslået for

---

lelse; dets grundpointe er, at fortællinger ikke giver en *umiddelbar* tilgang til det, de taler om, men bruger et som oftest komplekst system af fx *både* fortæller- og karakterfigurer som formidlere.]

8 [Dvs. i diskussionerne i de to foregående kapitler I og II.]

9 Jf. Otto Ludwig, "Formen der Erzählung", i: *Epische Studien. Ge-*

en personlig fortællers fortællemåde er relativt entydige og klare, skjuler der sig i begreberne for den sceniske og fortællerløse fremstilling to sagsforhold, der må holdes teoretisk adskilt, selv om de i fortællingen for det meste optræder tæt forbundet med hinanden: dramatiseret scene (ren dialog og dialog med en upersonlig fortællers korte regianvisninger eller stærkt forkortede handlingsberetning, som fx i Hemingways "The Killers") og ukommenteret spejling af den fremstillede virkelighed i en romangestalts bevidsthed, som vi i modsætning til fortælleren kalder en reflektor (Stephen i Joyces *A Portrait of the Artist as a Young Man*). Den dramatiserede scene, som kun, eller næsten kun består af karakterernes dialoger, er strengt taget ikke et narrativt, men et dramatisk byggeelement. Den kan derfor, selv om den forekommer relativt ofte, ikke anvendes til at konstituere narrationens grundtyper, hvilket ikke betyder, at der ikke tilkommer den en betydning ved opstillingen af den profil, der dannes ved de forskellige byggeelementers rækkefølge i en fortælling. Det egentligt narrative repræsenteres gennem fortælleren (i en personlig eller upersonlig rolle) og reflektoren. Tilsammen danner disse den første konstituent i den typiske fortællesituation, fortællingens *modus*. Med modus skal forstås summen af fortællemådernes mulige forvandlinger mellem de to poler fortæller og reflektor: *fortællen* i middelbarhedens egentlige mening, dvs. læseren har den forestilling, at han står over for en personlig fortæller, og *fremstilling*, dvs. spejling af den fiktionale virkelighed i en romangestalts bevidsthed, hvorved

---

sammelte Schriften, (A. Stern, udg.), bd. 6, Leipzig 1891, 202ff,; Percy Lubbock, *The Craft of Fiction*, New York 1947, 67; N. Friedman, "Point of View in Fiction", 1161ff.; F. K. Stanzel, *Typische Erzählsituationen*, 22.

der i læseren opstår en illusion om umiddelbart at percipere den fiktionale verden.

Den første konstituent, modusen, er altså et produkt af de mangfoldige relationer og vekselvirkninger mellem fortæller hhv. reflektor og læser. Den anden konstituent beror til gengæld på relationer og vekselvirkninger mellem fortæller og romanfigurer. Igen kan mangefoldet af muligheder tydeliggøres gennem to polære positioner: De værensområder, hvor fortæller og karakterer hører hjemme, kan være identiske eller adskilte, altså forskellige, ikke-identiske. Lever fortælleren i den samme verden som karaktererne, drejer det sig ifølge traditionel terminologi om en jegfortæller. Står fortælleren eksistentielt uden for karakterernes verden, drejer det sig ifølge traditionel terminologi om en tredjepersonsfortælling.[10] De traditionelle begreber jeg- og tredjepersonsfortæller har allerede skabt megen forvirring, fordi forskelskriteriet, personalpronominet, i jegfortællerens tilfælde relaterer sig til fortælleren, men i tredjepersonsfortællingens tilfælde til en figur i fortællingen, som ikke er fortælleren. Også i en tredjepersonsfortælling, fx i *Tom Jones* eller i *Trolddomsbjerget*, er der et fortællerjeg. Det er altså ikke forekomsten af personalpronominets 1. person i en fortælling, der er det afgørende (uden for dialogen, selvfølgelig), men den betegnede persons sted inden for eller uden for karakterernes fiktionale verden. På grund af dets prægnans skal begrebet *person* alligevel bibeholdes som betegnelse for denne anden konstituent. Denne konstituents væsentlige kriterium – det er nødvendigt at gøre eftertrykkeligt opmærksom på dette – er ikke den relative hyppighed, med hvilken et af de to personalpronominer jeg eller

10 [Stanzel bruger her udtrykket *Er-Erzählung*, "han-fortælling", som danner symmetri med "jeg-fortælling".]

han/hun forekommer, men derimod spørgsmålet om identitet hhv. ikke-identitet af de værensområder i hvilke fortæller og karakterer hører hjemme. *David Copperfields* fortæller er en jegfortæller, fordi han lever i samme verden som romanens andre karakterer, Steerforth, Peggoty, the Murdstones og the Micawbers; *Tom Jones*' fortæller er en tredjepersonsfortæller eller en autorial fortæller, fordi han lever uden for den fiktionale verden, i hvilken Tom Jones, Sophia Western, Partridge og Lady Bellaston lever, eksisterer. Identitet og ikke-identitet af fortællerens og karakterernes værensområder er grundlæggende forskellige forudsætninger for fortælleforløbet og dets motivation.

Den tredje konstituent står i en snæver sammenhæng med den første og den anden konstituent, men relaterer sig til et yderligere, selvstændigt aspekt af fortælleforløbet: det *perspektiv*, i hvilket den fiktionale verden bliver fremstillet af fortælleren eller perciperet af en romanfigur, der fungerer som reflektor. Til dels forstås derved et sagsforhold, som også de andre konstituenter og i særdeleshed modusens konstituent henviser til; forskellen ligger i blikretningen. Ved modus er blikretningen indstillet på læseren, ved perspektiv på den fremstillede virkelighed. En lignende distinktion er indeholdt i Todorovs modsætningspar "mode du récit" og "aspect du récit".[11] Todorovs kategorier er igen udledt af Jean Pouillons typologi for "visions".[12] Hos begge fortælleteoretikere blandes disse perspektiviske kategorier sammen med fremstillingens kategorier (modus), hvilket her bevidst skal undgås.

Perspektivet på den fremstillede virkeligheds karakterer, skuepladser og begivenheder kan være et ydre eller et indre.

11 Tz. Todorov, "Les Catégories du récit littéraire", 125-151.

12 J. Pouillon, *Temps et roman*, Paris 1946, 74-114.

Distinktionen mellem ydre og indre perspektiv findes i næsten alle fortælleteoretiske arbejder, hvis tema er perspektiv, standpunkts- eller "point of view"-spørgsmål. Perspektiv anvendes da næsten altid i en dobbelt betydning, som ganske vist er givet i sagen selv, men som alligevel må holdes teoretisk adskilt. Således betyder ydre perspektiv til tider, som fx hos Erwin Leibfried,[13] perspektivet hos en fortæller, der, fordi han ikke tilhører den fremstillede verden af karakterer (værensområdernes ikke-identitet), ser på denne verden udefra. Ligeledes bliver indre perspektiv forstået som perspektivet hos en fortæller, der som handlende eller iagttagende figur tilhører karakterernes verden og altså ser dem fra et standpunkt inden for denne verden. På den samme basis beror også E. Sprangers distinktion mellem "beretteståsted" og "indresynsståsted" (en mulig variant af det indre perspektiv).[14]

Sin anden betydning får distinktionen mellem ydre og indre perspektiv gennem dens korrespondance med modsætningsparret ydre verden (skueplads, handling, karakterernes udseende og adfærd, deres tale indbefattet) og indre verden (karakterernes tanker, følelser, bevidsthedsindhold). For fortælleren foreligger der ved fremstilling af ydre og indre verden to muligheder for valg af "point of view": alvidenhed, "omniscience", og begrænsning af erfarings- og videnshori-

---

13 Jf. Erwin Leibfried, *Kritische Wissenschaft vom Text. Manipulation, Reflexion, transparente Poetologie*, Stuttgart 1972, 244. At der med begrebet "fortællesituation" ikke menes perspektiv, som Leibfried her forudsætter, turde være tilstrækkeligt tydeliggjort gennem nykonstitueringen af fortællesituation på basis af person, perspektiv og modus.

14 Jf. Eduard Spranger, "Der psychologische Perspektivismus im Roman", genoptrykt i: *Zur Poetik des Romans*, 217-238.

sont, "limited point of view".[15] Et indre perspektiv resulterer altid i et "limited point of view". Det muliggør under visse omstændigheder fremstilling af den indre verden *som* indre verden (bevidsthedsfremstilling). Forudsætningen for dette er nemlig lokaliseringen af "point of view"-bæreren i karakterernes verden og gestaltningen af middelbarhed gennem reflektorfiguren. En sådan fremstilling af en indre verden som indre verden sker fx i Mollys slutmonolog i sidste kapitel af Joyces *Ulysses* og i *Mrs. Dalloway* af Virginia Woolf. Er derimod det ydre perspektiv fremherskende i en fortælling (autorial fortællen), kan en indre verden kun opfattes som en projektion af indre forløb ud på den ydre verden, fx i form af en tankeberetning om karaktererne, som en fortæller leverer. Således sker fx meddelelsen af heltens tanker i *Tom Jones* overvejende i et ydre perspektiv, dvs. som tankeberetning om Tom gennem den autoriale fortæller. For den alvidende fortæller og hans ydre perspektiv findes der egentlig ingen indre verden som indre verden, for ham er alt på en måde tilgængeligt som en ydre verden. Deraf følger vigtige momenter, som det er nødvendigt at tage højde for i en fortolkning. Indre verden fremstillet som indre verden fremkalder nemlig i læserens forestilling en højere autenticitetsillusion end den ydreperspektiviske, autoriale tankeberetning. Følgelig er det nødvendigt at undersøge, om det indre perspektiv ikke helt alment skal anses som den perspektivform, der egentlig er den mest typiske for fortolkningen. Deraf måtte man da slutte, at i en roman med ydre perspektiv får selve det perspektiviske moment langt mindre betydning i fortolkningen end i en roman med indre perspektiv.

---

15 Jf. N. Friedman, "Point of View in Fiction", 1169-1178.

De tre konstituenter, som fortællesituationerne hviler på, er følgelig modus, person og perspektiv. Hver af disse konstituenter tillader et bredt spektrum af realisationer, som bedst kan forestilles som et formkontinuum af muligheder mellem to modsætningspoler. Hver konstituent kan således også fremstilles i form af en binær[16] opposition:

Modus:	Oppositionen fortæller – reflektor
Person:	Oppositionen identitet – ikke-identitet af fortællerens og karakterernes værensområder
Perspektiv:	Oppositionen indre perspektiv – ydre perspektiv

I de fleste fortælleteorier bliver stort set kun en af disse konstituenter med dens tilordnede opposition gjort til grundlag for en systematisk ansats, eller også indrømmes én konstituent en tydelig forrang frem for de andre, fx modus hos Anderegg, person hos Hamburger og perspektiv hos Leibfried. Hos Percy Lubbock er der to konstituenter, modus som dominant og person som subdominant konstituent, hos Brooks og Warren ligeledes to konstituenter, perspektiv og person. Ved Brooks og Warren orienterer også Genette sig, hvis system i det væsentlige er dyadisk, dvs. opbygget på to konstituenter.[17]

16 En indføring i disse og lignende strukturalistiske arbejdsbegreber fra nyere litteraturvidenskab findes hos Jürgen Link, *Literaturwissenschaftliche Grundbegriffe. Eine programmierte Einführung auf strukturalistischer Basis*, München 1974.

17 Jf. J. Anderegg, *Fiktion und Kommunikation*, 43ff.; K. Hamburger, *Logik*, 11ff. og 245ff.; E. Leibfried, *Kritische Wissenschaft vom Text*, s. 244ff.; P. Lubbock, *The Craft of Fiction*, 66ff.; C. Brooks und R. P. Warren, *Understanding Fiction*, New York 1943, 659ff.; G. Genette, *Figures III*, 203ff.

Det er nødvendigt at gå lidt mere udførligt ind på enkelte systematiske fremstillinger af fortælleformene, for de er fremkommet ved udtrykkelig hensyntagen til *Typische Erzählsituationen*, men foreslår på den anden side løsninger, der afviger fra de typiske fortællesituationers system.

Lubomir Doležel har i sit bidrag til festskriftet for Roman Jakobson leveret et forsøg på en streng, strukturalistisk klassifikation af de mulige fortælleformer. Her kan udledningen af de fortælletyper, Doležel foreslår, ikke gentages i detaljer, men de udgangspositioner, som Doležel anvender, skal fastholdes: tekster med taler – tekster uden taler. Tekster med taler underdeles igen, efter hvorvidt taleren er en fortæller eller en (ikke-fortællende) romanfigur. Endelig kan en fortæller forholde sig aktivt eller passivt til begivenhederne og til fortælleforløbet. Først i sidste instans skelnes der tillige mellem personalpronominets første og tredje persons relation til hhv. fortæller og romanfigur. Væsentligt for Doležels system er følgelig, at de af hans konstitutive oppositioner, der også optræder som konstituenter i de typiske fortællesituationer, nemlig personlig – upersonlig fortæller (modus) og tredjepersons-/jeg-oppositionen (person), ikke anvendes som inddelingskriterier ved siden af hinanden, men derimod – efter forbillede af den lingvistiske stamtræsmodel – efter hinanden.[18]

---

18 Lubomir Doležel, "The Typology of the Narrator: Point of View in Fiction", i: *To honor Roman Jakobson*, bd. 1 (1967), 451-52. Doležel har for nylig videreudviklet sin typologi på en ret oplysende måde, idet han foruden stamtræsmodellen også anvender kredsskemaet. Sammenlign først og fremmest med introduktionen til hans bog *Narrative Modes in Czech Literature*, Toronto 1973.

Perspektiv-konstituenten mangler hos Doležel, eller der tages kun implicit højde for den; hos Leibfried danner den til gengæld det vigtigste inddelingskriterium: Leibfried skelner mellem "indre perspektiv", det er den medhandlende fortællers perspektiv, og "ydre perspektiv", perspektivet hos en fortæller, der ikke er indvævet i handlingen.[19] Denne meget vigtige distinktion bliver alligevel lidt uklar, ved at Leibfried lige netop vælger Jean Pauls *Flegeljahre* som paradigme, en roman altså, som er meget svær, hvad angår forskellen mellem ydre og indre perspektiv og mellem tredjepersons- og jeg-relation. Da Leibfried mener, at begrebet "fortællesituation" kun betyder perspektiv (234), bliver hans kritiske forsøg på at videreudvikle begrebet fortællesituation også noget ensidigt. Leibfried vil hverken anerkende tredjepersons-/jeg-oppositionen eller distinktionen mellem fortæller og ikke-fortæller (reflektor) som kriterium for at skelne mellem typer (247). Således bliver det forståeligt, hvorfor Leibfried kan overveje den personale fortællesituation som blot en variant af jeg-perspektivet. Som det vil fremgå af typekredsen[20], ligger personal fortællesituation og de former af jeg-fortællesituationen, hvor det fortællende jeg er trådt helt tilbage, op ad hinanden, men ikke op ad de af jegfortællingens former, hvor jeget som fortæller træder personligt frem. Disse står den autoriale fortællesituation nærmere end den personale fortællesituation.[21]

Et andet kritisk videreførende forsøg på systematisk fremstilling af fortælleformerne stammer fra Wilhelm Füger.[22]

---

19 Jf. Erwin Leibfried, *Kritische Wissenschaft vom Text. Manipulation, Reflexion, transparente Poetologie*, Stuttgart 1972.

20 [Typekredsen bliver grafisk illustreret senere i denne tekst.]

21 Jf. også F. K. Stanzel, "Zur Konstituierung der typischen Erzählsituationen", 574f.

Fügers konstitutive opposition er ydre og indre perspektiv, jeg- og tredjepersonsform. Dertil kommer tre trin af indsigtsfuldhed eller fortællerens bevidsthedsniveau: Fortælleren kan være bedre, lige så godt, eller dårligere informeret end de øvrige romanfigurer hhv. læseren. Füger anvender, ligesom Doležel, stamtræsmodellen som grundlag for sin systematik. Logisk stringens og fininddelingen i mulige distinktioner kan anses som denne models fordele. Füger definerer således tolv typer, af hvilke en tredjedel ganske vist næsten kun har en hypotetisk karakter. En så differentieret inddeling er sikkert nyttigere for fortælleteorien end for fortolkningslæren. Som ulempe ved denne systemmodel må anføres, at typer, som i den litterære praksis og derfor også for fortolkningen fremtræder nært forbundne eller beslægtede, ofte befinder sig langt fra hinanden i systemet. Således står fx Fügers type 10a, som er en personal fortællesituation med autoriale elementer, langt væk fra type 4a, som er en autorial fortællesituation med muligheder for opdukken af personale elementer. I typekredsen er begge disse typer umiddelbart naboer. Ej heller overgange mellem de forskellige typer kan der tages højde for i det skema, som Füger opstiller.

Det er klart, at ingen systematisering af fortælleformerne vil kunne indløse de krav, der stilles af teori og fortolkningspraksis, begrebslig orden og konsistens på den ene side, tekstadækvathed og fortolkningsmæssig anvendelighed på den anden. Füger har, ligesom Doležel, besluttet sig for systematikkens primat. I den følgende nykonstituering af de typiske fortællesituationer vil der derimod blive gjort forsøg på at finde en

---

22 Wilhelm Füger, "Zur Tiefenstruktur des Narrativen. Prolegomena zu einer generativen 'Grammatik' des Erzählens", *Poetica* 5 (1972), 268-292.

middelvej mellem teoriens systematik og fortolkningslærens pragmatik. Som overgang dertil skal der berettes om en ansats, der findes hos en repræsentant for den lingvistisk orienterede "New Stylistics", og som allerede peger på en sådan middelvej. Det drejer sig om Seymour Chatmans "feature analysis".[23] Chatman gennemfører en systematisk funderet beskrivelse af den "narrative transmissions" former, hvormed der væsentligt menes former for gestaltet middelbarhed i fortællingen. Også Chatman tager udgangspunkt i spørgsmålet, om der er en tilstedeværende fortæller, og forsøger at skelne mellem forskellige grader af fortællerpræsens i læserens bevidsthed. Han betjener sig her af John Austins "speech act"-teori. Med "discourse feature" forstår Chatman "en enkelt egenskab ved den narrative diskurs, for eksempel brugen af første person ental eller brug eller ikke-brug af retrospektive sammendrag" (233). Chatman betoner udtrykkeligt, at disse fortælleelementer kan kombineres fuldstændigt frit og derfor også kan betragtes og beskrives isoleret. Dette standpunkt, som i øvrigt også deles af N. Friedman og W. C. Booth og de fleste engelske og amerikanske romankritikere, søger Chatman så yderligere at profilere gennem en konfrontation med den typologiske fremgangsmåde, der blev anvendt i *Typische Erzählsituationen*. Dermed bliver det tydeligt, hvor fordele og ulemper ved de to fremgangsmåder, systematisk typologi og "feature analysis", ligger. "Feature analysis" tilbyder en beskrivelsesmåde med størst mulige tekstnærhed, idet den formale analyse helt kan koncentrere sig om idiosynkrasierne i en teksts kombination af fortælleformer. Resultatet er en for fortolkningsformål højst oplysende tabulatur over fortællerens præsenstrin i en fortælling. Men hvad en sådan "feature analysis" ikke kan levere,

---

23 S. Chatman, "The Structure of Narrative Transmission", 213-257.

er påvisningen af sammenhænge, de gensidige afhængigheder mellem de enkelte elementer, altså det, som i videste mening bør forstås ved fortællestruktur. Et afkald på at belyse sådanne sammenhænge er i sidste ende også fortælleforskningens afkald på at trænge frem til højere organiserede fænomener og mere komplekse gensidige afhængigheder mellem fortælleformerne og indordne dem i en større systematisk sammenhæng. Det er altså ønskeligt, at begge fremgangsmåder kan gøre sig gældende, idet de gensidigt støtter hinanden: "feature analysis", den nøjagtige beskrivelse af de enkelte fortælleelementer med deres særpræg, *og* systematisk fortælleteori, som evner at kaste lys over korrespondancer og sammenhænge mellem de enkelte fortællefænomener. Således forbliver fx Chatmans vigtige iagttagelse, at "i fortællingen er tale og tanke væsentligt forskellige handlinger" (229), i sidste ende uden teoretiske konsekvenser, da der i rammerne af en "feature analysis" ikke findes en systemramme, som denne erkendelse kan fastgøres i. Derimod tilbyder den ene af vore typiske fortællesituationers konstituenter, nemlig modus, altså oppositionen fortæller-reflektor, et teoretisk orienteringspunkt, som beskrivelsen af disse to fremstillingsmodi kan relateres til, idet den ene er rettet mod "tale", den anden mod "tanke".

Af den systematiske indordning af de enkelte "features" følger også konsekvenser for fortolkningen af fortælletekster. Således erkender Chatman, som i øvrigt er en af de få amerikanske kritikere, der er velbekendt med begrebet om dækket direkte tale (DDT),[24] fuldstændig rigtigt, at en sætning som "John satte sig ned" ikke kun er en beskrivelse af en rent ydre begivenhed, men også i et vist omfang kan implicere Johns bevidsthed om handlingen, i særdeleshed hvis en sådan

---

24 [Ty. *erlebte Rede (ER)*.]

sætning optræder i en kontekst med DDT (238f). Men det forekommer dog ikke tilstrækkeligt kun at udskifte enkelte ord (fx "satte sig ned" med "lå mageligt henslængt") for at prøve, om en sådan fortællesætning er domineret af et ydre eller indre syn. Langt vigtigere er fortællemetoden i den større kontekst, som sætningen indgår i. Metoden kan bestemmes gennem tilordningen til en af de typiske fortællesituationer. Er en prægnant autorial fortællesituation fremherskende, kan der kun være tale om et ydre syn i sætningen "John satte sig ned". Er derimod en personal fortællesituation dominerende, må der også regnes med muligheden for i det mindste et implicit indre syn. "Feature analysis" har altså brug for en omfattende og systematisk fortælleteoris rammer.

Afsluttende skal der henvises til en misforståelse, der har sneget sig ind hos Chatman (den skyldes sandsynligvis en uskarphed i *Typische Erzählsituationen* fra 1955); den har en vis interesse med henblik på nykonstitueringen af de typiske fortællesituationer. Chatman antager, at person, modus og "fortællers tilstedeværelse i fiktionsverdenen" (235) danner de typiske fortællesituationers konstituenter. Ikke desto mindre mangler perspektiv-konstituenten i Chatmans liste! Som det endnu engang vil blive fremført i de følgende overvejelser, beror forskellen mellem de typiske fortællesituationer på tre oppositioner, som nu kaldes modus, person og perspektiv.

På basis af de typiske fortællesituationer adskiller den foreliggende fortælleteori sig fra alle her refererede teorier først og fremmest derved, at den forsøger at skitsere et triadisk system, hvor alle de tre konstituenter behandles *ligeværdigt*. I hver af de tre typiske fortællesituationer får nemlig én konstituent hhv. en pol i dens tilordnede binære opposition dominans over de andre konstituenter og deres oppositioner:

Autorial fortællesituation – Ydre perspektiv dominerende
Jeg-fortællesituation – Dominerende identitet mellem fortællers og karakterers værensområder
Personal fortællesituation – Reflektor-modus dominerende

De således konstituerede typiske fortællesituationer og deres korrespondancer kan ordnes skematisk i et kredsskema, således at oppositionsakserne inddeler kredsen i lige store segmenter. Man får da et diagram, som på en umiddelbart forståelig måde tegner de typiske fortællesituationers indbyrdes forhold og deres relationer til oppositionsaksernes poler. Diagrammet viser, hvordan der ved siden af det dominerende oppositionselement optræder et tilliggende oppositionselement, der ligesom sekundært har andel i konstitueringen af en typisk fortællesituation. Den personale fortællesituation er fx primært karakteriseret ved en reflektorfigurs dominans, og sekundært ved på den ene side et fremherskende indre perspektiv, på den anden side ved ikke-identitet af værensområder, dvs. tredjepersonsrelation (til reflektorfiguren). Kredsskemaet har også, som det skal vises, den fordel over for stamtræsskemaet (Doležel, Füger), at beslægtede fortælleformer optræder som nærmeste naboer til hinanden.

LILLE TYPEKREDS[25]

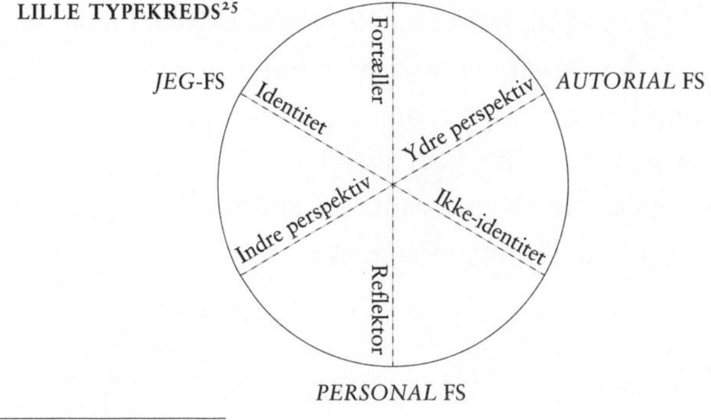

25 [FS = fortællesituation]

Efter denne teoretiske grundlæggelse af de typiske fortællesituationer skal det nu prøves på tre teksteksempler, om de ovenfor nævnte oppositioner faktisk betegner væsentlige modsætninger i gestaltningen af en fortælleteksts middelbarhed, med andre ord, om de tilhører en fortællings struktur, således at deres ændringer medfører en ændring i det fortaltes betydning, eller om de skal betragtes som stilistiske varianter af fortællemåden. Af metodiske grunde begyndes med den mest bekendte og mest iøjnefaldende konstituent, person, derefter følger perspektiv og modus.

OPPOSITION I (PERSON): JEG-RELATION – TREDJEPERSONSRELATION

Jegfortælleren i J. D. Salingers *The Catcher in the Rye*, Holden Caulfield, står som fortællingens hovedfigur midt i den fiktionale verden, som romanen fremstiller. Identiteten af fortællerens og de øvrige karakterers værensområder kan altså ikke betvivles, den opretholdes på trods af denne fortællers tilbøjelighed til at henvende sig direkte til læseren med det, han har på hjerte. Man kan med David Goldknopf forbavses over, at en sådan kommunikation er mulig: "En eller anden *i* romanen taler til en eller anden *uden for* romanen. Det slår mig som et bemærkelsesværdigt, næsten hårrejsende fænomen"[26]. Hvordan man nu end vil forklare dette forbavsende fænomen – der vil senere blive anledning til at vende tilbage til det – ændrer det intet ved det grundlæggende forhold, at romanens jegfortæller og dens øvrige (fiktionale) karakterer befinder sig i samme værensområde. Holden Caulfield begynder sin fortælling på følgende måde:

---

26 David Goldknopf, *The Life of the Novel*, Chicago 1972, 33.

Hvis De virkelig vil høre om det, er det første, De vil have at vide, sikkert, hvor jeg er født, og hvordan min elendige barndom var, og hvad mine forældre lavede og så videre, før de fik mig, og alt det der David Copperfieldpis, men det er ikke noget, jeg har lyst til at gå ind i. For det første keder det mig, den slags, og for det andet ville de få omtrent to slagtilfælde hver, hvis jeg begyndte at fortælle sådan nogle personlige ting om dem. De er temmelig ømtålelige med den slags, særlig min far. De er *flinke* og alt det der – det er ikke det, jeg siger – men de er helvedes ømtålelige. Og desuden skal jeg ikke fortælle Dem hele min forbandede selvbiografi eller noget. Jeg vil bare fortælle Dem det der galimatias, som skete for mig omkring sidste jul, før jeg blev temmelig nedkørt og måtte herud for at ta' den med ro.[27]

Forsøger man at transponere denne jegfortælling til en tredjepersonsfortælling, altså at ophæve personalunionen mellem helt og fortæller og indføre en fortæller, der står uden for romankaraktererness fremstillede verden (ikke-identitet af fortællers og karakterers værensområder),[28] vil der straks opstå vanskeligheder. Vælger man som transponeringsmål en autorial tredjepersonsfortælling efter model af *Tom Jones* eller *Vanity Fair*, må jegfortælleren Holden Caulfields person splittes op i to figurer, i en romanfigur på handlingens skue-

27 [Vibeke Cerri giver en noget anderledes oversættelse af denne passus i *Forbandede Ungdom*, København: Gyldendal, 1962.]

28 For at disse grundlagsovervejelser ikke skal blive for uoverskuelige, afstår vi her fra at medregne den mulighed, at teksten kan transponeres til en jeg-fortællesituation med en perifer jegfortæller, i forhold til hvilken heltens centrale figur ville fremtræde som en tredjepersonsrelation (jf. S. Butlers *The Way of All Flesh*).

plads og en fortæller, der står uden for den fremstillede virkelighed. For en sådan fortæller ville Holdens skoleelevagtigt forenklede system af vurderinger og domme være lige så upassende som jegfortællerens udprægede teenager-sprog. Med en overføring til en voksens udtryksmåde ville der imidlertid opstå en distance mellem fortæller og fortalt, hvis fravær i originalteksten netop giver den et signifikant præg. Sætter man sig derimod som transponeringsmål en tredjepersonsfortælling efter model af *Portrait of the Artist* (personal fortællesituation), skulle Holden Caulfield elimineres som fortæller. Der ville nu kun være Holden som reflektorfigur tilbage, hvis tanker og sindsbevægelser vi ville få et indgående kendskab til, men alligevel uden at han selv fortalte dem. Dermed ville fortælleaktens tvangsagtige præg og fortællingens konfessionskarakter, som er helt væsentlige kendetegn ved denne jegroman, gå tabt. Det viser sig altså, at den sammenhæng mellem oplevelse og fortælling, der er givet med identiteten af fortællerens og den fremstillede virkeligheds værensområder, ikke kan opløses uden tungtvejende indgreb i romanens meningsstruktur. Men en transponering af jegfortællingen til en tredjepersonsfortælling ville forudsætte, at denne sammenhæng blev opløst.

OPPOSITION II (PERSPEKTIV): INDRE PERSPEKTIV – YDRE PERSPEKTIV

Oppositionen indre perspektiv – ydre perspektiv kan illustreres med et tekstudsnit fra James Joyces *A Portrait of the Artist as a Young Man*; det handler om Stephens tilstand, før han skal skrifte. Stephen venter i en tilstand af største psykiske og moralske anspændthed foran skriftestolen:

Skydelemmen blev pludseligt skudt i. Skriftebarnet kom ud.

Det var hans tur. Han rejste sig skrækslagen og gik i blinde ind i aflukket. Nu var det endelig kommet så vidt. Han knælede i den mørke stilhed og løftede øjnene mod det hvide krucifix, der svævede over ham. Gud skulle se, han var bedrøvet. Han ville fortælle alle sine synder. Hans skriftemål ville blive langt, langt. Alle i kapellet ville da vide, hvad han havde været for en synder. Lad dem bare vide det. Det var sandt. Men Gud havde lovet ham tilgivelse, hvis han angrede. Han angrede. Han foldede hænderne og løftede dem op mod den hvide skikkelse og bad med øjne, der næppe kunne se, bad med hele sit skælvende legeme, rokkede frem og tilbage med hovedet som et fortabt væsen, bad med klynkende læber.[29]

I første del af dette tekststykke fungerer Stephen som reflektorfigur. Læseren sanser den ydre verdens ting med Stephens øjne og får samtidig umiddelbart indblik i Stephens indre forfatning, hans tanker og hans yderst eksalterede sindstilstand. Denne indreperspektiviske del med indreverdensfremstilling – den varer til og med "Han angrede" – kan uden vanskelighed transponeres til jeg-formen i fx *The Catcher in the Rye*, hvor der jo også foreligger et indre perspektiv. Men citatets sidste sætning modsætter sig en sådan transponering, for her er der ikke længere et indre, men et ydre perspektiv, og parallelt dermed er det ikke en indreverdens-, men en ydreverdensfremstilling, der dominerer. Her bliver også en fortællerstemme igen noget tydeligere hørbar end i citatets første del, hvor formidlingen sker gennem en reflektorfigur. Af den kendsgerning, at citatets indreperspektiviske og ydreperspek-

29 [Citat gengivet med enkelte ændringer efter *Portræt af kunstneren som ungt menneske*, oversat af Ove Brusendorff, København: Gyldendal, 1962, s. 146.]

tiviske dele opfører sig så forskelligt i transponeringsforsøget, må man slutte til en strukturel forankret forskel mellem de to muligheder, der er indeholdt i konstituenten perspektiv.[30]

OPPOSITION III (MODUS): FORTÆLLER – REFLEKTOR

Stephen Dedalus fungerer også i de første tre kapitler af *Ulysses* som reflektorfigur. I det følgende tekststykke har Mr. Deasy, skoleleder ved den skole, hvor Stephen underviser, netop overrakt ham et brev om mund- og klovsyge med en anmodning om, at det bliver leveret til udgiveren af en Dublin-avis. På opfordring af Mr. Deasy læser Stephen brevet hurtigt igennem:

– Jeg har udtrykt sagen i en nøddeskal, sagde Mr. Deasy. Det er om mund- og klovsygen. Kig det lige igennem. Der kan ikke være to meninger om den ting.

Må jeg lægge beslag på Deres kostbare plads. Den *laissez-faire*-doktrin, der så ofte i vor historie. Vor kvægeksport. Som med alle vore gamle næringsveje. Liverpool-trusten, der spændte ben for Galway-havneprojektet. Europæisk storbrand. Korntilførsler gennem kanalens smalle vande. Landbrugsministeriets pluterperfekte uforstyrrelighed. Tilgiv en

---

30 Dorrit Cohn har gennemført yderligere transponeringsforsøg på dette tekststykke og når frem til resultater, som først og fremmest er af stor betydning for indreverdensfremstilling ved hjælp af DDT. Jf. Dorrit Cohn, "Narrated Monologue: Definition of a Fictional Style", *Comparative Literature* 18 (1966), 98ff. Efter færdiggørelse af manuskriptet er en meget omfattende studie af D. Cohn om indreverdensfremstilling udkommet: *Transparent Minds: Narrative Modes for Presenting Consciousness in Fiction*, Princeton, N. J., 1978.

klassisk hentydning, Cassandra. Af en kvinde, der ikke var bedre, end hun burde være. For at komme til den foreliggende sag.

– Jeg taler fra leveren, ikke? spurgte Mr. Deasy, da Stephen læste videre. Mund- og klovsyge. Kendt som Kochs præparat. Serum og virus. Procent af immuniserede heste. Kvægpest. Kejserens heste i Mürzsteg, Nedre Østrig. Dyrlæger. Mr. Henry Blackwood Price. Bør prøves fordomsfrit. Den sunde fornufts krav. Sag af altoverskyggende vigtighed. I alle ordets betydninger tage tyren ved hornene. Takker Dem for Deres spalters gæstfrihed.

– Jeg vil have, at dette trykkes og læses, sagde Mr. Deasy.[31]

Mellem de steder i teksten, hvor Mr. Deasys tale er direkte gengivet, findes brevlæsningens tankemæssige reflekser i Stephens bevidsthed. Således sker der en ejendommelig selektion og fragmentering af brevets tekst. De talrige stilistiske klicheer og Mr. Deasys ekstravagante formuleringer får, sammen med enkelte, ret så vilkårligt udvalgte informationer, der er løst fra deres sammenhæng, en særlig opmærksomhed. Hvis man forsøgte at lægge citatets indhold i munden på en fortæller, ville dets betydning ændres ganske væsentligt. Hovedvægten ville ikke længere ligge på de subjektive indtryk, som brevet fremkalder i reflektorfiguren Stephens bevidsthed, men på brevets faktiske indhold. Dette transponeringsforsøg viser altså, at en erstatning af en reflektorfigur med en fortællerfigur kan resultere i en afgørende forandring af det fortælleriske udsagn. Dermed er det bevist, at også oppositionen fortæller – reflektor indebærer

31 [Citat gengivet med mindre ændringer efter *Ulysses*, oversat af Mogens Boisen, København: Gyldendal, u.å., s. 48f.]

strukturelt modsatte former for gestaltning af en fortællings middelbarhed.

GÉRARD GENETTE

MODUS

Uddrag fra 4. kapitel (»Mode") af "Discours du récit", i *Figures III*, Paris: Éditions du Seuil, 1972, ss. 203-211.

Perspektiv

Det, som vi for øjeblikket og med en metafor kalder narrativt perspektiv – det vil sige denne anden modus for regulering af narrativ information,[1] der er et resultat af, at der vælges (eller ikke vælges) en begrænset "synsvinkel" – dette spørgsmål om synsvinkler har af alle spørgsmål, der angår narrativ teknik, været det mest studerede siden slutningen af det 19. århundrede, og med ubestridelige kritiske resultater, som Percy Lubbocks kapitler om Balzac, Flaubert, Tolstoj eller James, eller Georges Blins om "feltets begrænsninger" hos Stendhal.[2]

---

1 [Den første modus til regulering af narrativ information kalder Genette *distance*: "Man kan faktisk *mere eller mindre* fortælle det, man fortæller", "den narrative information har sine grader; fortællingen kan give læseren flere eller færre detaljer, og synes således [...] at holde en større eller mindre *distance* til det, den fortæller" (*Discours du récit*, s. 183).]

2 *Stendhal et les Problèmes du roman*, Paris, 1954, 2. del. For en "teoretisk" bibliografi om dette emne se F. van Rossum, "Point de vue ou perspective narrative", *Poétique* 4. I en historisk vinkel, R. Stang, *The Theory of the Novel in England 1850-1870*, kap. III; og M. Raimond, *La Crise du roman, des lendemains du naturalisme aux années 20*, Paris: Corti, 1966, 4. del.

For mig at se lider imidlertid de fleste teoretiske arbejder om dette emne (de er for det meste klassifikationer) under en beklagelig sammenblanding af, hvad jeg her kalder *modus* og *stemme*, det vil sige en sammenblanding af spørgsmålet, *hvem er den karakter, hvis synsvinkel orienterer fortællingen*? og så det andet spørgsmål, *hvem er fortælleren*?– eller, for at sige det hurtigere, spørgsmålet, *hvem ser*? og spørgsmålet, *hvem taler*? Vi vender senere tilbage til denne tilsyneladende indlysende, men næsten universelt miskendte distinktion: For eksempel foreslog Cleanth Brooks og Robert Penn Warren i 1943,[3] under termen *fortællefokus* (»focus of narration"), eksplicit og meget vellykket som ækvivalent for "point of view" en typologi med fire termer, resumeret i følgende skema (jeg oversætter):

	INDRE ANALYSE AF BEGIVENHEDER	YDRE IAGTTAGELSE AF BEGIVENHEDER
FORTÆLLER TIL STEDE SOM KARAKTER I HISTORIEN	(1) Helten fortæller sin historie	(2) Et vidne fortæller heltens historie
FORTÆLLER FRAVÆRENDE SOM KARAKTER I HISTORIEN	(4) Analytisk eller alvidende forfatter fortæller historien	(3) Forfatter fortæller historien udefra

Nu er det indlysende, at kun den vertikale inddeling angår "synsvinkel" (indre eller ydre), mens den horisontale har betydning for stemmen (fortællerens identitet), uden nogen virkelig forskel i synsvinkel mellem 1 og 4 (lad os sige:

3 Cleanth Brooks og Robert Penn Warren, *Understanding Fiction*, New York, 1943.

Adolphe og *Armance*)[4] og mellem 2 og 3 (Watson, der fortæller Sherlock Holmes, og Agatha Christie, der fortæller Hercule Poirot). I 1955 skelner Franz K. Stanzel[5] mellem tre typer "narrativ situation"; den *autoriale fortællesituation*, som er den "alvidende" forfatters (type: *Tom Jones*), *jeg-fortællesituation*, hvor forfatteren er en af karaktererne (type: *Moby Dick*), og den *personale fortællesituation*, hvor fortællingen føres "i 3. person" i overensstemmelse med en karakters synsvinkel (type: *The Ambassadors*). Her er igen forskellen på den anden og den tredje situation ikke en forskel i "synsvinkel" (mens den første er bestemt af dette kriterium), eftersom Ishmael og Strether faktisk indtager den samme fokale position i de to fortællinger; forskellen er kun, at i den ene er det den fokale karakter selv, der er fortæller, mens det i den anden er en "forfatter", som er fraværende i historien. Samme år præsenterer Norman Friedman[6] på sin side en meget mere kompleks klassifikation med otte termer: to typer "alvidende" narration, med eller uden "forfatterindblanding" (Fielding eller Thomas Hardy), to typer narration "i første person", jeg-vidne (Conrad) eller jeg-helt (Dickens, *Great Expectations*), to typer narration med "selektiv alvidenhed", det vil sige med en begrænset synsvinkel, dels flerfoldig (Virginia Woolf, *To the Lighthouse*), dels enhedslig (Joyce, *Portrait of the Artist*), endelig to typer rent objektiv narration, hvoraf den anden er hypotetisk og i øvrigt vanskelig at skelne fra den første: den "dramatiske modus" (Hemingway, "Hills Like White Elephants") og "kamera", en ren registrering

4 [Romaner af hhv. Benjamin Constant (1816) og Stendhal (1827).]

5 *Die typischen Erzählsituationen im Roman*, Wien og Stuttgart, 1955.

6 "Point of view in Fiction", art. cit.

uden hverken selektion eller organisation. Efter alt at dømme adskiller den anden og tredje type (Conrad og Dickens) sig ikke fra de andre på anden måde, end ved at de er fortællinger "i første person", og forskellen mellem de to første (forfatterindblanding eller ikke) er igen et spørgsmål om stemme; det angår fortælleren og ikke synsvinklen. Lad os minde om, at Friedman beskriver sin sjette type (*Portræt af kunstneren*) som "historie fortalt af karakter, men i tredje person"), en formulering, som røber en åbenbar sammenblanding af den fokale karakter (som James kaldte "reflektor") og fortælleren. Den samme assimilation, åbenbart intenderet, hos Wayne Booth, som i 1961 faktisk viede essayet "Distance og synsvinkel"[7] til stemmens problemer (distinktion mellem *implicit forfatter*, *dramatiseret* eller *udramatiseret fortæller*, *pålidelig* eller *upålidelig*), hvilket han også erklærer eksplicit, idet han foreslår "en rigere klassificering af forfatterens forskellige stemmer". "Strether", siger Booth igen, "›fortæller‹ i det store og hele sin egen historie, skønt han altid betegnes i tredje person": Hans status er altså identisk med Cæsars i *Gallerkrigen*? Man ser, hvilke vanskeligheder sammenblandingen af modus og stemme medfører. Endelig, i 1962, gentager Bertil Romberg[8] Stanzels typologi, som han kompletterer med en fjerde type: den objektive fortælling i behavioristisk stil (det er Friedmans syvende type); resultatet er altså en firedeling: *1*) fortælling med alvidende forfatter, *2*) fortælling med synsvinkel, *3*) objektiv fortælling, *4*) fortælling i første person – hvor den fjerde type klart nok afviger fra de tre førstes klassifikationsprincip.

---

7 "Distance and Point of View", *Essays in Criticism*, 1961; fransk oversættelse i *Poétique* 4.

8 *Studies in the narrative Technique of the first-person Novel*, Lund, 1962.

Borges ville her utvivlsomt have indført en femte klasse, typisk kinesisk, for fortællinger skrevet med meget fin pensel.

Det er sikkert legitimt at forestille sig en typologi for "fortællesituationer", der på en gang tager højde for modusens og stemmens kendsgerninger; men det er ikke legitimt at præsentere en sådan klassifikation alene under kategorien "synsvinkel" eller at opstille en liste med konkurrerende bestemmelser på basis af en manifest forvirring. Derfor er det her på sin plads at betragte de rent modale bestemmelser alene, det vil sige dem, der angår det, man har vænnet sig til at kalde "synsvinkel", eller, med Jean Pouillon og Tzvetan Todorov, "syn" eller "aspekt"[9]. På baggrund af en sådan reduktion etableres uden store vanskeligheder en konsensus om en typologi med tre termer, hvoraf den første svarer til det, som den angelsaksiske kritik kalder fortælling med alvidende fortæller og Pouillon "bagudsyn"[10], og som Todorov symboliserer ved formlen *fortæller > karakter* (hvor fortælleren véd mere end karakteren, eller mere præcist: *siger* mere, end nogen af karaktererne véd). I den anden term er formlen *fortæller = karakter* (fortælleren siger ikke andet end det, som en given karakter véd); dette er Lubbocks fortælling med "synsvinkel"[11], eller Blins med "begrænset felt"[12], Pouillons "medsyn"[13]. I den tredje term er *fortæller < karakter* (fortælleren siger mindre, end karakteren véd): dette er den "objek-

9 J. Pouillon, *Temps et roman*, Paris, 1946; T. Todorov, "Les categories du récit littéraire", art. cit.

10 [Fr. *vision par derrière*.]

11 [Eng. *point of view*; fr. *point de vue*. Den almindelige skandinaviske term er dog "synsvinkel", ikke "synspunkt".]

12 [Fr. *champ restreint*.]

13 [Fr. *vision avec*.]

tive" eller "behavioristiske" fortælling, som Pouillon kalder "udefrasyn"[14]. For at undgå de alt for visuelle associationer, der er knyttet til termerne *syn*, *felt* og *synsvinkel*, vil jeg her gribe tilbage til den lidt mere abstrakte term *fokalisering*,[15] som desuden gentager Brooks og Warrens "focus of narration".[16]

---

14 [Fr. *vision du dehors*.]

15 Allerede brugt i *Figure II*, s. 191, i forbindelse med den Stendhalske fortælling. [Fr. *focalisation*, af verbet *focaliser*, som betyder at samle, koncentrere i et punkt. Termen anvendes primært i tekniske og *optiske* sammenhænge; en elektronstrøm fokaliseres fx ved hjælp af en elektrostatisk eller magnetisk linse. Genettes *fokalisering* – overført fra elektronik og optik til litteratur – betyder således at samle en narrativ informationsstrøm i et brændpunkt. Fokalisering er derfor *ikke* en visuel term, så selv om Genette ofte bruger udtrykket "fokalisere på", bør det ikke forveksles med at *fokusere på*: ved *fokalisering* indstilles på et brændpunkt, ved *fokusering* indstilles på et objekt.]

16 Vi kan drage en parallel mellem denne tredeling og den firedelte klassifikation, der er foreslået af Boris Uspenski (*Poetica Compozicii*, Moskva, 1970) for det "psykologiske niveau" i hans generelle teori om synsvinkler (se "punktopstillingen" og dokumenter præsenteret af T. Todorov i *Poétique* 9, februar 1972). Uspenski skelner mellem to typer i fortællinger med synsvinkel, alt efter om synsvinklen er konstant (fikseret på én karakter) eller ej: det er, hvad jeg foreslår at kalde *fikseret* hhv. *variabel* indre fokalisering, men for mig drejer det sig kun om underklasser. [Uspenskis bog er senere oversat til engelsk: *A Poetics of Composition. The Structure of the Artistic Text and Typology of a Compositional Form*, Berkeley, Los Angeles, London: University of California Press, 1973.]

FOKALISERINGER

Vi gendøber altså den første type, den, der generelt repræsenterer den klassiske fortælling, *ikke-fokaliseret* fortælling eller fortælling med *nul fokalisering*. Den anden vil være fortælling med *indre fokalisering*, hvad enten denne er *fikseret* (kanonisk eksempel: *The Ambassadors*, hvor alt går gennem Strether, eller endnu bedre: "What Maisie Knew", hvor vi næsten aldrig forlader den lille piges synsvinkel, hvis "begrænsede felt" er særligt dramatisk i denne historie om voksne, hvis mening undslipper hende), *variabel* (som i *Madame Bovary*, hvor den fokale karakter først er Charles, derefter Emma, så igen Charles,[17] eller på en måde, som er meget hurtigere og vanskeligere at gribe, hos Stendhal), eller *flerfoldig*, som i brevromaner, hvor den samme begivenhed kan fremkaldes flere gange alt efter de brevskrivende karakterers synsvinkler;[18] man véd, at Robert Brownings narrative digt "The Ring and the Book" (som fortæller en kriminalsag set successivt af morderen, ofrene, forsvaret, anklageren etc.) i nogle år var det kanoniske eksempel på denne type fortælling,[19] før den blev erstattet for os af filmen *Rashomon*. Vor tredje type vil være fortælling med *ydre fokalisering*, populariseret mellem de to verdenskriger af Dashiel Hammets romaner, hvor helten handler for øjnene af os, uden at vi nogensinde får lov til at kende hans tanker eller følelser, og af visse af Hemingways noveller, som "The Killers" eller endnu mere "Hills Like

---

17 Om dette emne se Lubbock, *The Craft of Fiction*, kap. VI, og Jean Rousset, "Madame Bovary ou le livre sur rien", *Forme et Signification*, Paris, 1962.

18 Se "Le roman par lettres", *Forme et Signification*, s. 86.

19 Se Raimond s. 313-314. Proust var interesseret i denne bog: se Tadié, s. 52.

White Elephants", hvor diskretionen er så gennemført, at fortællingen bliver en gåde. Men vi bør ikke reducere denne narrative type til værker af høj litterær værdi: Michel Raimond bemærker med rette,[20] at i spændings- eller eventyrromanen, "hvor interessen skyldes, at der er et mysterium", fortæller forfatteren "os ikke fra begyndelsen alt, hvad han véd", og faktisk behandler et stort antal eventyrromaner, fra Walter Scott over Alexandre Dumas til Jules Verne, deres første sider i ydre fokalisering: Se hvordan Phileas Fogg først betragtes udefra, med hans samtidiges forundredede blikke, og hvordan hans umenneskelig mysterium bliver opretholdt helt til den episode, der afslører hans generøsitet.[21] Men en hel række "seriøse" romaner fra det 19. århundrede praktiserer denne type enigmatisk *introit*: således, hos Balzac, *La Peau de chagrin* eller *L'Envers de l'histoire contemporaine*, og endda *Le Cousin Pons*, hvor helten længe bliver beskrevet og fulgt som en ukendt med problematisk identitet.[22] Og

---

20 *La Crise du roman*, s. 300.

21 Det er redningen af Aouda, i kap. XII. Intet forbyder at forlænge denne ydre synsvinkel på en karakter i det uendelige; karakteren vil da forblive mysteriøs til det sidste: det er, hvad Melville gør i *The Confidence-Man*, og Conrad i *The Nigger of "Narcissus"*.

22 Denne indledende "uvidenhed" er blevet en topos i romanindledninger, selv hvor mysteriet er noget, der hurtigt vil blive løst. Således i det fjerde afsnit af *Følelsernes opdragelse*: "En ung mand på atten år, langhåret og med en skitsebog under armen ... "Alt sker, som om forfatteren, for at *introducere* ham, må lade som om, han ikke kender ham; når dette ritual først er overstået, kan han fortsætte uden yderligere hemmelighedskræmmeri: "Monsieur Frédéric Moreau, netop blevet student, etc." De to perioder kan være tæt på hinanden, men de må være adskilte. Denne regel gør sig stadig gældende i fx *Germinal*, hvor helten i første omgang er "en mand", indtil han introducerer sig selv: "Mit navn er Etienne

andre motiver kan retfærdiggøre rekursen til denne narrative holdning, som hensynet til sømmelighed (eller den skælmske leg med usømmelighed) i drosche-scenen i *Bovary*, som er fortalt helt i overensstemmelse med et ydre og uskyldigt vidnes synsvinkel.[23]

Som det sidste eksempel viser, er fokaliseringens andel ikke nødvendigvis konstant gennem en hel fortælling, og variabel indre fokalisering, allerede en yderst fleksibel formel, kan ikke anvendes på *Bovary* som helhed: Ikke alene er scenen med droschen en ydre fokalisering, men vi har allerede haft anledning til at sige[24], at udsynet over Yonville, som åbner romanens anden del, ikke er mere fokaliseret end størstedelen af Balzacs beskrivelser. Fokaliseringens formel berører altså ikke altid et helt værk, men snarere et afgrænset narrativt segment, som kan være meget kort.[25] På den anden side, distinktionerne mellem de forskellige synsvinkler er ikke altid lige så klare, som betragtningen af de rene typer kunne få en til at tro. En ydre fokalisering i forhold til en karakter kan til tider lige så godt bestemmes som en indre fokalisering på en anden: Den ydre fokalisering på Phileas Fogg er samtidig en indre fokalisering på Passepartout lamslået af sin nye me-

---

Lantier"; hvorefter Zola vil kalde ham Etienne. Til gengæld gælder den ikke længere hos James, som fra begyndelsen dukker ned i heltens indre verden: "Strethers første spørgsmål, da han nåede hotellet ..." (*The Ambassadors*); "Hun ventede, Kate Croy, på at hendes far skulle komme ind ..." (*The Wings of the Dove*); "Prinsen havde altid syntes om sit London ..." (*The Golden Bowl*). Disse variationer kunne fortjene en omfattende historisk studie.

23 Del III, kap. 1. Jf. Sartre, *L'Idiot de la famille*, s.1277-1282.

24 S. 135.

25 Se R. Debray, "Du mode narratif dans les *Trois Contes*", *Littérature*, maj 1971.

ster, og den eneste grund til at fastholde den første term er Phileas' status som helt, der reducerer Passepartout til rollen som vidne; og denne ambivalens (eller reversibilitet) er også mærkbar, når vidnet ikke er personificeret, men forbliver en upersonlig, flydende iagttager, som i begyndelsen af *La Peau de chagrin*. Ligeledes er fordelingen mellem variabel fokalisering og ikke-fokalisering til tider ganske vanskelig at etablere, idet en ufokaliseret fortælling som oftest kan analyseres som en multifokaliseret fortælling *ad libitum* ifølge princippet *den, der kan det meste, kan det mindste* (lad os ikke glemme, at fokalisering væsentligt er, ifølge Blins ord, en *begrænsning*); og alligevel kan ingen på dette punkt sammenblande Fieldings manér med Stendhals eller Flauberts.[26]

Man må også notere, at det, vi kalder indre fokalisering, sjældent anvendes på en fuldstændigt rigorøs måde. Faktisk implicerer selve princippet for denne narrative modus strengt taget, at den fokale karakter aldrig må beskrives, den må ikke engang refereres til udefra, og dens tanker eller perceptioner må aldrig analyseres objektivt af fortælleren. Der er altså ikke i streng forstand indre fokalisering i et udsagn som det, hvor Stendhal fortæller os, hvad Fabrice del Dongo gør og tænker: "Uden nølen, skønt rede til at overgive sin sjæl til afskyen,

26 Balzacs position er mere kompleks. Man fristes ofte til at se den balzacske fortælling som selve typen på en fortælling med alvidende fortæller, men det er at se bort fra den ydre fokaliserings andel, som jeg lige har nævnt som en åbningsprocedure; og også de mere subtile situationer, som på de første sider af *Une double famille*, hvor fortællingen snart fokaliseres på Camille og hendes mor, snart på Monsieur de Granville – idet hver af disse fokaliseringer tjener til at isolere den anden karakters (eller gruppes) mysteriøse yderside: en nysgerrighedernes kontinuerlige bytten plads, der ikke kan undgå at anspore læseren.

kastede han sig ned fra sin hest og greb kadaverets hånd, som han rystede kraftigt; så blev han stående som paralyseret; han mærkede, at han ikke havde kræfter til at bestige hesten igen. Det der mere end noget andet fyldte ham med rædsel, var dette åbne øje." Til gengæld er fokaliseringen perfekt i et udsagn, som nøjes med at beskrive, hvad helten ser: "En kugle, der var gået ind ved siden af næsen, var kommet ud igen i den modsatte tinding og misdannede kadaveret på en hæslig måde; det var blevet liggende med et øje åbent."[27] Jean Pouillon påpeger meget fint dette paradoks, når han skriver, at i "medsyn" ses karakteren "ikke i sin inderlighed, for det ville kræve, at vi gik ud af karakteren i stedet for at blive absorberet af den, men i det billede, som den gør sig af andre, på en måde gennem dette billede. Kort sagt, vi opfatter den, som vi opfatter os selv i vor umiddelbare bevidsthed om tingene, vore holdninger til det, der omgiver os – til det, der omgiver os og ikke er i os. Følgelig kan man som konklusion sige: Synet i billedet af andre er ikke en konsekvens af synet »med« den centrale karakter, det er selve dette syn »med«".[28] Den indre fokalisering er kun fuldt ud realiseret i den "indre monolog" eller i Robbe-Grillets *La Jalousi*,[29] dette grænseværk, hvor den centrale karakter er absolut reduceret til – og rigorøst kun kan *udledes* af – dens fokale position. Vi tager altså denne term i en mening, som nødvendigvis er mindre rigorøs, og hvis minimale kriterium er blevet udmejslet af Roland Barthes i hans definition af, hvad han kalder fortællingens *personale*

---

27 *Chartreuse*, Garnier (Martineau), s. 38.

28 *Temps et roman*, s. 79.

29 Eller, for filmens vedkommende, i Robert Montgomerys *The Lady in the Lake*, hvor protagonistens plads er indtaget af kameraet.

modus.[30] Dette kriterium går på muligheden af at genskrive et givet narrativt segment i første person (hvis det ikke allerede er i første person), uden at denne operation medfører "anden forandring af diskursen end selve ændringerne af de grammatiske pronominer": En sætning som "James Bond så en mand på omkring halvtreds, med et endnu ungt udseende etc." kan oversættes til første person (»Jeg så etc."), og viser os altså en indre fokalisering. Omvendt kan en sætning som "Isterningernes klirren mod glasset *syntes* at give Bond en pludselig inspiration" ikke oversættes til første person uden åbenlyse semantiske problemer.[31] Her er vi typisk i ydre fokalisering på grund af den uvidenhed, som fortælleren markerer med hensyn til heltens virkelige tanker. Men det bekvemmelige ved dette rent praktiske kriterium bør ikke friste os til at sammenblande fokaliseringens og narrationens to instanser, som forbliver distinkte selv i en fortælling "i første person", det vil sige, når én og samme person påtager sig de to instanser (med undtagelse af fortællinger fortalt i præsens og som indre monolog). Når Marcel skriver: "Jeg fik øje på en mand på omkring fyrretyve, meget høj og temmelig kraftig, med et meget sort overskæg, og som, idet han nervøst slog mod sine benklæder med en svipstok, fæstnede et par øjne på mig, der var udvidet af intens opmærksomhed",[32] må "personsammen-

---

30 "Introduction à l'analyse structurale des récits", *Communications* 8, s. 20.

31 Proust fremhæver i *Le lys dans la vallée* den følgende sætning, om hvilken han med rette siger, at den *klarer sig, som den kan:* "Jeg gik ned over markerne for endnu en gang at gense Indus og dens små øer, dalen og dens højdedrag, *som jeg syntes en lidenskabelig beundrer af*" (*Contre Sainte-Beuve*, Pléiade, s. 270-71).

32 I, s. 751.

faldet" af den unge fra Balbec (helten), der ser en ukendt, og den modne mand (fortælleren) – som fortæller denne historie flere tiår senere og udmærket godt véd, at denne ukendte var Charlus (og alt, hvad hans attitude indebar) – ikke maskere forskellen mellem funktion og – det er særdeles vigtigt for os i denne sammenhæng – information. Fortælleren "ved" næsten altid mere end helten, selv om helten er ham selv, og derfor er fokaliseringen på helten for fortælleren en lige så kunstig begrænsning af feltet i første person som i tredje.

Gérard Genette

NARRATIVE SITUATIONER

Uddrag fra "Situations narratives", i *Nouveau discours du récit*, Paris: Éditions du Seuil, 1983, ss. 77-83.

Denne reservation med hensyn til antagelsen om stemmens indflydelse på modus[1] er ikke en tilstrækkelig grund til at affærdige spørgsmålet, som vi har ladet ligge indtil nu, om en samlet betragtning af stemme og modus som dele af det, man sædvanligvis kalder en "narrativ situation". Denne komplekse term blev for mere end et kvart århundrede siden foreslået af Franz Stanzel, som siden uophørligt har uddybet og revideret den klassifikation, som han foreslog for den i 1955. Med rette bebrejder Dorrit Cohn[2] mig og hele den "franske narratologi"

---

1 [I det umiddelbart foregående kapitel af *Nouveau discours*, "Personne" ("Person"), har Genette i en munter diskurs kritiseret Dorrit Cohn for at lægge for meget i spørgsmålet om "stemmen", (altså om en fortælling er skrevet i første eller i tredje person). Selv forholder han sig skeptisk og "reserveret" og mener ikke, der er grund til at gøre noget større nummer ud af denne forskel: forfattere kan for eksempel have valgt den ene "person" frem for den anden, bare fordi de var i humør til det, og de finder altid måder at omgå de begrænsninger, der måtte ligge i valget af den ene fremfor den anden "stemme". Under alle omstændigheder, mener Genette, må spørgsmålet om person eller stemme holdes adskilt fra spørgsmålet om *modus*.]

2 "The Encirclement of Narrative", in: *Poetics Today*, 2, 2 (1981), s. 158-160. Det er naturligvis denne artikel, jeg refererer til i hele dette kapitel.

for at have miskendt denne vigtige poetologs betydning, og en opmærksom læsning af hans første bog ville sikkert have sparet os for nogle forsinkede "opdagelser" i 60'erne. Dette er ikke stedet for en fremstilling, som, skønt den sikkert ikke ville være overflødig på Seinens bredder, dog allerede er fortrinligt udført andetsteds af Dorrit Cohn, og på en måde der er særdeles vedkommende for os, for hendes redegørelse for *Theorie des Erzählens* foregår delvist som en sammenligning mellem dette værk og *Discours du récit*. Jeg henviser altså læseren til denne meget tætte artikel og selvfølgelig til Stanzels to hovedværker, som – mens vi venter på en eventuel fransk oversættelse – foreligger dels i deres tyske tekst, dels i engelsk oversættelse.[3]

Som Dorrit Cohn siger og meget klart viser, er den væsentlige forskel mellem de to fremgangsmåder, at Stanzels er "syntetisk", mens min (jeg gør gentagne gange krav på det) er analytisk.[4] "Syntetisk" er måske lidt misvisende, for ordet

---

3 [Af Stanzels *tre* teoretiske "hovedværker" sigter Genette åbenbart til de to, der er blevet oversat til engelsk (nr. 1 og 3 i følgende række): (1) *Die typischen Erzählsituationen*, Göttingen: Vandenhoeck & Ruprecht, 1955 (eng. ovs.: *Narrative Situations in the Novel*, 1971); (2) *Typische Formen des Romans*, Göttingen: Vandenhoeck & Ruprecht, 1964; (3) *Theorie des Erzählens*, Göttingen: Vandenhoeck & Ruprecht, 1979 (eng. ovs.: *A Theory of Narrative*, Cambridge: Cambridge University Press, 1984.]

4 De andre forskelle, som Cohn fremhæver, er: min konstante tilflugt til den Proustske fortælling, mens Stanzel fra begyndelsen placerer sig i den generelle teoris område; hans konstante forsøg på en graduering, repræsenteret ved hans cirkulære diagrammer, i modsætning til mine skemaer med deres vandtætte kasser; hans ligegyldighed over for spørgsmål om niveau (hans system er, siger Cohn, "uni-diegetisk"), og så, selvfølgelig, den kendsgerning, at han ikke beskæftiger sig med spørgsmål om temporalitet.

giver indtryk af, at Stanzel realiserer en syntese af elementer efter først at have isoleret dem og studeret dem hver for sig. Det forholder sig helt omvendt: I 1955 tager Stanzel udgangspunkt i en global intuition af et vist antal komplekse kendsgerninger (men det er mig, der beskriver dem sådan), som han kalder "narrative situationer": den *autoriale* (som jeg ikke kan beskrive uden at analysere den, i mine termer, som ikke-fokaliseret heterodiegetisk narration, fx *Tom Jones*), den *personale*, senere gendøbt den *figurale* (heterodiegetisk med indre fokalisering, fx *Ambassadørerne*), og *jegfortælling* (homodiegetisk, fx *Moby Dick*). "Synkretisk" ville således være en bedre betegnelse, hvis den ikke medførte visse nedsættende konnotationer. Forholdet er simpelthen, at Stanzel som udgangspunkt tager denne ubetvivlelige empiriske iagttagelse, at et overvejende flertal af litterære fortællinger fordeler sig mellem disse tre situationer, som han med rette kalder "typiske". Det er først senere, og først og fremmest i sin sidste bog, at han forsøger at analysere disse situationer i overensstemmelse med tre elementære, eller fundamentale, kategorier, som han kalder *person* (første eller tredje), *modus* (som ifølge Dorrit Cohn er meget tæt på det, jeg kalder "distance": dominans af fortælleren eller af en "reflektor"-karakter, i følge en term lånt fra James) og *perspektiv* (som jeg kalder det samme, men som hos Stanzel er reduceret til en indre/ydre-opposition, som i virkeligheden fører den ydre fokalisering tilbage til en nulfokalisering[5]). Jeg skal ikke følge Dorrit Cohn i den meget detaljerede fremstilling af fordele og ulemper ved denne triade af kategorier, af hvilke den sidste forekommer hende overflødig;

5 I 1955 forbandt Stanzel, under termen *neutral* narration, den ydre fokalisering med den "personale" type. Efter 1964 synes han fuldstændigt at have givet afkald på denne kategori.

for mig vil dét, selvfølgelig, snarere være den anden, dels fordi ideen om distance (*diegesis/mimesis*) længe har forekommet mig suspekt, dels fordi den specificering, som Stanzel giver den (fortæller/reflektor), synes mig nemt at kunne reduceres til vores fælles kategori perspektiv. Jeg vil heller ikke følge hende i den cirkulære labyrint, som i den store tyske tradition (Goethe-Petersen) konstituerer det storartede rose-vindue,[6] i hvilket Stanzel figurerer gradueringen af narrative situationer og hinanden krydsende akser, grænser, nav, stråler, kardinalpunkter, hjulkranse og indfatninger, der konkretiserer hans systems (til nu) sidste version. Jeg har andetsteds talt om de ambivalente følelser, som denne type imagination fremkalder i mig, og som her er anledningen til, blandt andet, stimulerende antiteser og sammenkoblinger, der er lige så frugtbare, som de er uhørte. Dorrit Cohn taler i denne forbindelse om en "indkredsning" af fortællingen; jeg, som man til tider anklager for at placere litteraturen i kasser eller bag tremmer, skal være den sidste til at fordømme denne måde at matrikulere dens område på, den kan være lige så god som nogen anden. Stanzels vigtigste fortjeneste ligger i øvrigt ikke i hans totaliserende figurationer, men i "analysernes" detaljer, det vil sige i læsningerne. Som enhver poetolog med respekt for sig selv er Stanzel først og fremmest kritiker. Men indlysende nok er det ikke et aspekt, der kan opholde os her.

---

6 *Theorie des Erzählens*, s. 334; Cohn, s. 162 [og *A Theory of Narrative*, s. 185. Genette hentyder her til ligheden mellem Stanzels kredsfigurer og de lige så elaborerede rundkredsvinduer med roseværksornamentik i *gotiske* katedralers vestgavler (fr. *rosace*, på dansk til tider også benævnt som vinduesroser eller kirkeroser).]

Hele kompleksiteten (og til tider sammenfiltringen) i hans sidste system skyldes hans ønske om at gøre rede for de tre "narrative situationer" ved hjælp af de tre kontrollerende, analytiske kategorier (den trinitære besættelse får igen sit). For et kombinerende intellekt burde overlapningen af to person-oppositioner med to modale oppositioner med to perspektiv-oppositioner resultere i et skema med otte komplekse situationer. Men dens cirkulære figuration og dens diametrale overlapninger fører Stanzel til en opdeling i *seks* fundamentale sektorer, som kan figureres som følger (jeg præciserer, at denne kreds er min forenklede version, den findes ikke hos ham), og hvor man mellem de tre oprindelige, "typiske" situationer ser tre mellemformer, som også er stærkt kanoniske: indre monolog, dækket direkte tale og "periferisk" fortællen. Bortset fra den sidste, som i alt væsentligt kan føres tilbage til en "jeg-vidne"-situation, synes det mig vanskeligt at acceptere disse buffer-segmenter i et skema over narrative situationer, for de to andre er snarere måder at præsentere karakterers tale på.

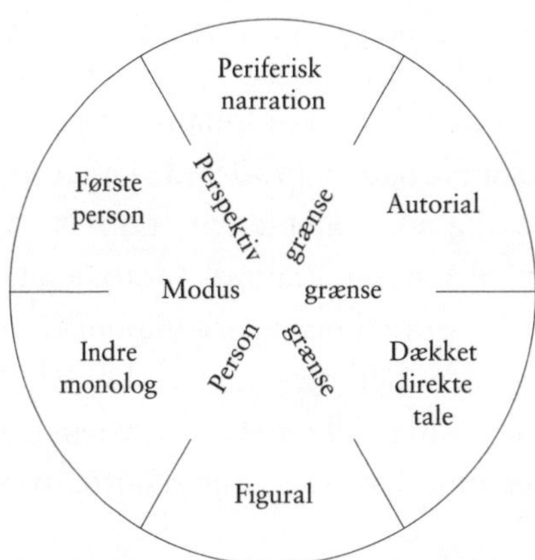

Heller ikke Dorrit Cohn finder denne seks-inddeling tilfredsstillende. Idet hun argumenterer ud fra en sætning, hvor Stanzel selv genkender "en direkte korrespondance mellem indre *perspektiv* og en modus domineret af fortælleren", foreslår hun at undertrykke perspektivets ubrugelige kategori, hvilket med et slag reducerer systemet til et krydsfelt af to oppositioner: person og modus. Deraf dette nye kreds-diagram:

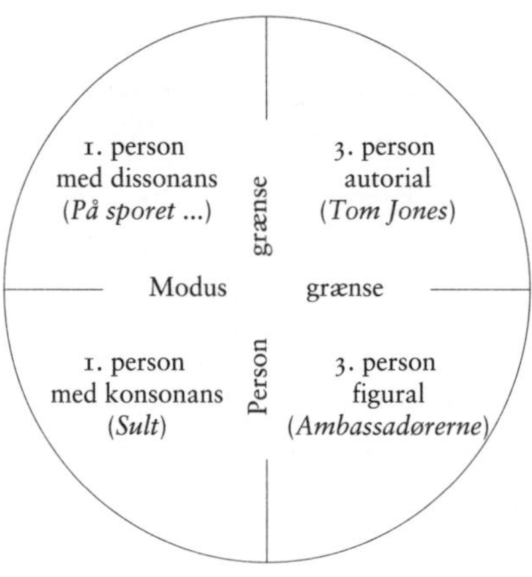

Termerne "dissonans" og "konsonans" er her introduceret af Dorrit Cohn, som brugte dem allerede i *Transparent Minds*;[7] men de er egentlig ækvivalenter til Stanzels "autorial" (domineret af fortælleren) og "figural" (domineret af karakteren som "reflektor" i fortællingens brændpunkt). De eksempler, som her er foreslået i parentes, er i den højre halvdel Stanzels og i den venstre Cohns (i *Transparent Minds*). Af indlysende grunde ville jeg intet have imod at erstatte, som Alain Bony

7 Princeton: Princeton University Press, 1983.

gør i sin oversættelse af sidsnævnte bog,[8] termen "autorial" med *narratorial*, som er lånt fra Roy Pascal. Idet jeg således for min del er begyndt at rette på Cohns rettelser af Stanzel, foreslår jeg at præsentere det hele i form af følgende skema med dobbelt indgang, som jeg nu finder uundgåelig:

Person / Modus	Første	Tredje
Narratorial	A *På sporet af den tabte tid*	B *Tom Jones*
Figural	C *Sult*	D *Ambassadørerne*

Dette kasse-kompromis, via Dorrit Cohn, mellem Stanzels typologi og hvad der kunne være en begyndelse til min, har for øjeblikket den funktion at synliggøre en vis kvantitativ progression med udgangspunkt i de tre typiske situationer hos Stanzel-1955: Idet hun ikke uden grund afviser de seks alt for heterogene typer hos Stanzel-1979, vender Cohn tilbage til de første, men ikke helt, for til de tre oprindelige (B, D, A + C) tilføjer hun yderligere en ved at udskille C fra A. Man kan se dette som et fremskridt, hvis man tager i betragtning, at den belejligt og effektivt varierer en oprindelig, lidt grov typologi, alt for forpligtet på de hyppigst forekommende situationer. Man kan også se det som et utilstrækkeligt fremskridt og ønske en ny udvidelse (med eller uden korrektion) af skemaet.

8 [*La transparence intérieure: modes de représentation de la vie psychique dans le roman*, Paris: Éditions du Seuil, 1981.]

Tiden er måske inde til at minde om de andre typologier, der blev nævnt i *Figures III* (s. 203-205),[9] og som til tider legitimt gør plads for typer, der ikke er repræsenteret her: Således gør Brooks og Warren plads, idet de tager højde for en mere udvendig fokalisering, end dem Stanzel forestiller sig, for typen *jeg-vidne*, men også for den "objektive" narration à la Hemingway, som Romberg på sin side tilføjer som en fjerde type til Stanzels triade.[10]

Man ser altså at nævnte triade har undergået to påfølgende rettelser: Rombergs, som tilføjer en type (i mine termer: heterodiegetisk narration med ydre fokalisering), og Dorrit Cohns, som tilføjer en anden (i mine termer: homodiegetisk narration med indre fokalisering). Det ville virkelig være fristende (og, som alle véd, man skal modstå alt, undtagen fristelsen) at medtage disse to tilføjelser, hvilket ville give os en liste med *fem* typer.

Det er netop, omend på implicit vis, hvad den indtil videre sidste typolog af narrative situationer, Jaap Lintvelt,[11] når frem til, ganske vist ad en anden vej (han kunne ikke have været bekendt med Dorrit Cohns sidste forslag). Han etablerer først en dikotomi vedrørende person, som han kalder hetero-/homodiegetisk *narration*, derefter en tredeling af *narrative typer*,

---

9 [*Narrative Discourse*, s. 185-188.]

10 Dette er åbenbart den "neutrale" type hos Stanzel-1955. Friedmans otte typer, reduceret til syv i en senere version (1957, kap. VIII), kan uden vanskelighed tilbageføres til denne firedeling, hvis man ser bort fra de sekundære distinktioner mellem, hvad man efter min mening legitimt må kunne se som undertyper.

11 *Essai de typologie narrative: le point de vue*, Paris: Corti, 1981, anden del, "Pour une typologie du discours narratif".

bestemt af læserens opmærksomhed som "orienteringscentrum", hvilket er en slags syntese mellem mine fokaliseringer og Stanzels fortællemåder: *autorial* type (= nul fokalisering), *aktorial* type (= indre fokalisering), *neutral* type (= ydre fokalisering: det er den neutrale undertype hos Stanzel-1955, der nu dukker op igen). Hos Lintvelt bliver disse to distinktioner genstand for to skemaer, der synes uvidende om hinanden, og som ikke samles i en syntese.[12] Så jeg vil igen intervenere med en ny rettelse, som endnu engang tager form af et skema med dobbelt indgang, hvor de to "narrationer" krydses med de tre "narrative typer", og hvor jeg, for at vinde tid (plads), med det samme indfører de eksempler, der er arvet fra traditionen (Stanzel, Romberg, Cohn), og, i parenteser, tilnærmelsesvise ækvivalenter mellem Lintvelts og mine termer:

TYPE (FOKAL.) / NARRATION (RELATION)	AUTORIAL (NUL FOKAL.)	AKTORIAL (INDRE FOKAL.)	NEUTRAL (YDRE FOKAL.)
HETERO-DIEGETISK	A *Tom Jones*	B *Ambassadørerne*	C *The Killers*
HOMO-DIEGETISK	D *Moby Dick*	E *Sult*	

I dette kunstige skema ser man klart den oprindelige triade (kasserne A, B, D + E), Cohns tilføjelse (kasse E) og Lintvelts

12 Ibid., s. 39.

tilføjelse (kasse C), som bekræfter Rombergs tilføjelse. Man ser også, håber jeg, hvor jeg vil hen: Der er i dette skema en tom kasse, hvor en sjette situation vil kunne indlogeres – en homodiegetisk-neutral narration. Lintvelt fremmaner den, men kun for at forkaste den: "En sådan teoretisk konstruktion ville overskride de narrative typers reelle muligheder".[13] En sådan ædruelighed kan synes som visdommen selv, men jeg gad vide, om der ikke er end mere visdom (helt anderledes, rigtignok) i det princip hos Borges, at "det er nok, at en bog kan tænkes, for at eksistere".[14] Hvis man antager dette optimistiske synspunkt, om det så kun er for dets opmuntrende effekt, bør den omtalte bog (den sjette type fortælling) virkelig eksistere et eller andet sted på hylderne i Babels bibliotek.

---

13 Ibid., s. 84.

14 Jf. Jorge Luis Borges, *Fiktioner*, København: Gyldendal, 1998, s. 90.

SEYMOUR CHATMAN

ELEMENTER AF EN NARRATIV TEORI

Uddrag fra *Story and Discourse. Narrative Structures in Fiction and in Film*, Ithaca & London: Cornell University Press, 1978, ss. 19-22.

Betragter vi poetik som en rationel disciplin, kan vi spørge, som mange lingvister har gjort om sproget: Hvad er en fortællings nødvendige – absolut og ufravigeligt nødvendige – komponenter? Strukturalistisk teori argumenterer for, at enhver fortælling har to dele: en historie (*histoire*), indholdet eller rækkefølgen af begivenheder (handlinger, tildragelser), plus hvad der kan kaldes eksistenterne (karakterer, ting); og så en diskurs (*discours*), dvs. udtrykket, de midler, med hvilke indholdet kommunikeres. Kort sagt, historien er fortællingens *hvad*, diskursen dens *hvordan*. Vi får altså følgende diagram:

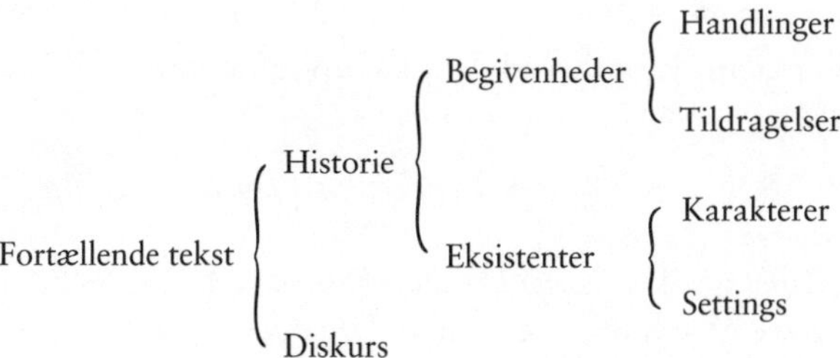

Sådanne distinktioner har selvfølgelig været kendt siden *Poetikken*. Aristoteles så efterligninger af handlinger i den virkelige verden, *praksis*, som noget, der dannede et argument, *logos*, hvorfra de dele blev valgt (og eventuelt nyordnet), der dannede plottet, *mytos*.

De russiske formalister skelnede også på denne måde, men brugte kun to termer: "fabel" (*fabula*), eller historiens grundstof, den samlede mængde begivenheder der fortælles, og så "plot" (*sjuzhet*), historien, som den faktisk bliver fortalt ved at forbinde begivenhederne med hinanden.[1] For formalisterne er fabelen "det sæt af forbundne begivenheder som kommunikeres til os i løbet af værket", eller "hvad der faktisk skete"; plot er "hvordan læseren gøres bekendt med, hvad der skete", det vil i grunden sige: begivenhedernes "rækkefølge, sådan som de optræder i selve værket",[2] hvad enten den præsenteres regulært (abc), med tilbageblik (acb), eller begynder *in medias res* (bc).

Franske strukturalister inkorporerer også disse distinktioner. Claude Bremond argumenterer, at der findes et

> lag med autonom betydning, udstyret med en struktur, som kan isoleres fra budskabet som helhed: historien [récit]. Så enhver art narrativt budskab (ikke kun eventyrfortællingen), uanset hvilken udtryksproces det bruger, manifesterer det samme niveau på samme måde. Det er kun uafhængigt af den teknik, det gennemføres med. Det kan overføres fra et medium

---

1 Victor Erlich, *Russian Formalism: History, Doctrine*, 2. udg., The Hague, 1965, 240-241.

2 Boris Tomasjevski, *Teorija literatury (Poètika)*, Leningrad, 1925. Den relevante sektion, "Thématique", findes i Todorov, ed., *Théorie de la littérature*, Paris: Editions du Seuil, 1965, ss. 263-307 og i Lemon og Reis, eds., *Russian Formalist Criticism*, Lincoln og London: University of Nebraska Press, 1965, ss. 61-98. Citaterne her oversætter den franske tekst i Todorov, ed., s. 268. Distinktionen mellem *fabula* og *sjuzhet* optræder side 68 hos Lemon og Reis.

til et andet uden at tabe sine væsentlige egenskaber: Historiens emne kan tjene som et argument for en ballet, en romans emne kan overføres til scenen eller til lærredet, en film kan fortælles i ord til én, der ikke har set den. Dette er ord, vi læser, billeder, vi ser, gestik, vi afkoder, men gennem disse er det en historie, vi følger, og det kan være den samme historie. Det, der bliver fortalt [raconté], har sine egne betydningselementer, sine historie-elementer [racontants]: Disse er hverken ord, billeder eller gester, men begivenheder, situationer og adfærd, som ordene, billederne, gesterne betegner.[3]

Denne historiens overførbarhed er den stærkeste grund for argumentet, at fortællinger virkelig er strukturer, som er uafhængige af et hvilket som helst medium. Men hvad *er* en struktur, og hvorfor er vi så parate til at klassificere fortællingen som en? I den bedste korte introduktion til emnet viser Jean Piaget, hvordan så forskellige discipliner som matematik, socialantropologi, filosofi, lingvistik og fysik har brugt ideen om en struktur, og hvordan det i hvert tilfælde drejer sig om tre nøglebegreber: helhed, transformation og selvregulering. En gruppe objekter, der savner disse karakteristiske egenskaber, er kun et aggregat, ikke en struktur. Lad os undersøge fortællinger med hensyn til de tre egenskaber for at finde ud af, om de faktisk er strukturer.

En fortælling er oplagt en helhed, for den er konstitueret af elementer – begivenheder og eksistenter – som er forskellige fra det, de konstituerer. Begivenheder og eksistenter er enkle og enkeltstående, men fortællingen er en sekventiel sammensætning. Endvidere tenderer fortællingens begivenheder mod at være forbundne eller følge af hinanden. Hvis vi tog

3 "Le message narratif", *Communications 8* (1968), s. 4.

en bunke samtaler fra et cocktailparty og foretog en tilfældig udvælgelse af et sæt af hændelser, der skete for forskellige mennesker på forskellige tidspunkter og steder, ville resultatet klart nok ikke blive en fortælling (forudsat, at vi ikke insisterer på at udlede en – en mulighed, som jeg skal diskutere nedenfor). Begivenhederne i en virkelig fortælling, derimod, "kommer på scenen som allerede ordnede", med Piagets ord. Til forskel fra et tilfældigt aggregat manifesterer de en tydelig organisering.

For det andet indebærer fortællinger både transformation og selvregulering. Selvregulering betyder, at strukturen opretholder og lukker sig selv, med Piagets ord, at "transformationer, der er strukturen iboende, aldrig fører ud over systemet, men altid genererer elementer, som tilhører det og bevarer dets love... For hvilke som helst to hele tal, vi adderer eller subtraherer, får vi et nyt helt tal, som tilfredsstiller lovene for den ›additive gruppe‹ af hele tal. Det er i denne forstand, at en struktur er ›lukket‹".[4] Den proces, ved hvilken en narrativ begivenhed udtrykkes, er dens "transformation" (ligesom i lingvistikken et element i "dybdestrukturen" skal transformeres for at optræde i repræsentationens overflade). Uanset hvordan denne transformation foregår – om fx forfatteren vælger at ordne rapporteringen af begivenheder efter deres kausale rækkefølge eller at vende om på dem for at opnå en flashback-effekt – så er det kun visse muligheder, der kan indfinde sig. Fortællingen vil desuden ikke tillade begivenheder eller andre typer fænomener, som ikke "tilhører den[s system] og bevarer dens love". Selvfølgelig kan visse begivenheder eller eksistenter indføres, som ikke er *umiddelbart* relevante.

---

4 Jean Piaget, *Structuralism*, ovs. af Chaninah Maschler, New York: Harper Books, 1970, s. 14.

Men på et eller andet punkt må deres relevans vise sig, for ellers vil vi indvende, at fortællingen er dårligt formet.

Så argumenterne for at kalde fortællinger “strukturer” synes stærke nok, selv i streng strukturalistisk forstand.

MONIKA FLUDERNIK

MOD EN 'NATURLIG' NARRATOLOGI

Fra *Towards a ›Natural‹ Narratology*, London & New York: Routledge, 1996, ss. 43-52

En vigtig konsekvens af denne begrebsliggørelse af "empirisk" og "videnskabelig" er, at den principielt og fundamentalt forbinder viden med menneske og ikke med "virkelighed".

(S. J. Schmidt 1989, 323)

Det er nu tid til at skitsere den model, jeg foreslår her, og som vil danne basis for de detaljerede analyser i *Towards a ›Natural‹ Narratology*. I denne model aktualiseres kognitive parametre på forskellige niveauer, og på en måde, som ud fra et antal både alternative og kombinerede anvendelser generaliserer termen "*naturlig*". Ud over de oplagt synkrone, kognitive parametre tilsigter modellen at give plads for historisk analyse ved at levere diakrone perspektiver på narrative tekster.

Modellen opererer på fire niveauer. Den virkelige verdens aksiomatisk naturlige oplevelsesparametre udgør det mest fundamentale oplevelsesrelaterede og kognitive niveau. På dette niveau findes rammeteoretiske kerneskemata, der rummer forudsat forståelse af handling, mål, tankevirksomhed, emotioner, motivation og så videre.

Mit ***niveau I*** – parametre for den måde, man i det virkelige liv oplever verden på – er derfor identisk med Ricœurs

Mimesis I. Det omfatter skemaet for handling som målrettet proces eller som reaktion på det uventede, konfigurationer af oplevede og evaluerede begivenheder, og den naturlige forståelse af iagttagne begivenhedsforløb, deres antagne årsag-virkningsforklaringer indbefattet. I dette skema forbindes teleologi (*dvs.* retning i tid og uundgåelig plotning) med handlende subjekters målorientering og med fortællerens efterlods evaluering af narrativ opleven. Et sådant mønster er typisk for den naturlige fortælling, som vi skal se i kapitel 2.[1]

På **niveau II** lokaliserer jeg fire grundlæggende synsvinkler, der foreligger som forklaringsskemata for *adgang* til historien. Alle fire er forbundet med narrativ mediering, med narrativitet. Jeg skelner mellem realverdens-skriptet FORTÆLLEN, perceptionens realverdens-skema (SEEN), og adgangen til ens egen narrativiserbare oplevelse (OPLEVEN). Disse narrative skemata er makrostrukturelle og omfatter de grundlæggende rammer for fortællen, seen, opleven og kulturel viden.

Et fjerde skema, som jeg skal bruge en hel del, er skemaet for HANDLING eller HANDLEN. Denne fjerde ramme hører egentlig hjemme på niveau I, da det refererer til den narrative oplevens *hvad* og ikke til dens *hvorledes*. Som det imidlertid vil blive klart om et øjeblik: I begreber om den fortolkende *brug* af rammer lokaliseret på niveau II er HANDLEN også en af de rammer, som læsere griber til i narrativiseringsprocessen, og dette skema – visualiseret på niveau II – omfatter ikke kun forståelse af målrettet menneskelig handling, for det fremmaner tillige hele processualiteten af begivenheds- og handlingsserier. Når læsere forsøger en minimal narrativise-

---

1 [Kapitel 2: "Natural narrative and other oral modes" (Naturlig fortælling og andre mundtlige modi), *Towards a 'Natural' Narratologi*, ss. 53-91.]

ring af tekster, som i udpræget grad er inkonsistente, kan de være henvist til at fæste lid til grundskemaet for handlen for i termer, der refererer til historien, at fremtvinge en rudimentær mening.

Endvidere kan rammen for FORTÆLLEN udvides til at omfatte, hvad jeg kalder REFLEKTEREN, dvs. mentale aktiviteter uden ytring, som forvandler fortælleakten til en proces af erindring og selvreflekterende introspektion. Mens FORTÆLLE-rammen fremmaner en udsigelsessituation og derfor en adressat-persona, tenderer REFLEKTEREN mod at projicere en reflekterende bevidsthed, der befinder sig i en tilstand af grublen. Jeg skal vende tilbage til anvendelserne af niveau II på niveau IV nedenfor.

Mit ***niveau III*** for kognitive parametre omfatter velkendte, naturligt genkommende, historiefortællende situationer. Da det at fortælle en historie er en generel og spontan menneskelig aktivitet, som kan iagttages i alle kulturer, udstyrer den individer med kulturelt bestemte fortællemønstre. Disse mønstre inkluderer ikke alene en viden om fortællende situationer og strukturen i dem (hvem fortæller hvad til hvem, interaktion eller ikke-interaktion med tilhørerne etc.), men også en forståelse af fortællingens fremførelse og i særdeleshed en evne til at skelne mellem *arter* eller *typer* af historier. Efterhånden som genrer formerer sig, og skrevne tekster viser sig på scenen, forøges den relevante kompetence tilsvarende og ændrer også sin art. I kulturindlæringsprocessen, i særdeleshed den *litterære*, får det mulige publikum generiske modeller, som afgørende påvirker dets læseoplevelse. Genrer er i sidste ende kognitive rammer i stor skala. Der er kun en gradsforskel mellem sådanne modeller og så de enkle teksttyper eller "genrer", man finder i mundtlige fortællinger, hvor de fundamentale parametre er kontekstbundne. Disse parametre består i fortællerens relation til tilhørerne og til det fortalte; institutionalisering (privat vs. offentlig fortælling); tradition som erindringsspor; fremførelse som det vigtigste, konstitutive træk ved naturlig fortælling; og distinktionen mellem kunstfærdig og enkel, mundtlig fortælling. Parametre, der er relevante på niveau III, inkluderer desuden narratologiske begreber: fortællerens begreb, begrebet om dobbelt kronologisk orden (fx flashback), begrebet om autorial alvidenhed (både i betydning af adgang til protagonistens indre tilstande og i betydning af fortællerens tidslige og rumlige ubundethed af den menneskelige eksistens' legemlige begrænsninger). Niveau III rummer også den litterære fortællings mere præcise generiske parametre – læserens begreber om *den historiske roman*, *dannelsesromanen* etc., som bliver tilegnet ved, at man udsættes for litteratur.

Mine niveauer II og III er *ikke* en reproduktion af Ricœurs *Mimesis II* (som drejer sig om diskursens umiddelbart tekstuelle niveau), men karakteriserer træk, som er delvist relevante for Ricœurs *Mimesis III*, rekonfigurationens niveau. Mens kognitive parametre på niveau I og II er afgjort transkulturelle, fundamentale oplevelsesrammer, er kategorierne på niveau III kulturspecifikke og i stor udstrækning tilegnede, endda indlærte, som abstrakte kategorier. Man må fx skelne mellem viden om dynamikkerne i den udveksling, der sker i konversationer, som man kan deltage i i en bus eller i selskaber, og så viden om skrevne fortællingers dynamikker. Således kan man – som en slags finjustering af de mere fundamentale rammer HANDLING, FORTÆLLEN, SEEN og OPLEVEN fra niveau II – tilføje, på niveau III, den praktiske, generiske viden om vitser, anekdoter, vidneudsagn, samtale med lægen (fortælle ens sygdomshistorie) etc. En sådan praktisk *bevidsthed* behøver ikke altid forudsætte en bevidst viden om abstrakte kategorier. Kognitive parametre på niveau III er "naturlige", netop fordi de opererer på en ikke-refleksiv måde og er forbundet med ens pragmatiske erfaring med at høre og læse historier. Det skal kraftigt fremhæves, at disse kategorier (endnu) ikke bliver *konstitueret ved læserens bevidste fortolkning*, men leverer – ligesom kategorier situeret på niveau I og II – kognitive redskaber *til* fortolkning af narrative tekster eller diskurser. Alligevel er, som jeg skal argumentere for nedenfor, parametre på niveau III allerede et resultat af en metaforisk udvidelse af begreber fra niveau I og II til niveauet for et mere abstrakt instrumentarium, som anvendes ved apperception af *skrevne* fortællinger. Takket være det lange historiske stræk, i hvilket vi har været udsat for skrevne fortællinger, er generiske parametre på niveau III simpelthen forvandlet til et forråd af kognitive skemata og optræder ikke længere som resultater af bevidste fortolknings- og naturaliseringsprocesser.

Dette leder mig til det fjerde og sidste niveau i min model for den naturlige fortællens parametre, et niveau, som handler om de fortolkningsevner, hvormed man forbinder ukendt og fremmedartet materiale med det, man allerede kender, og hvormed man gør det fremmedartede fortolkeligt og "læseligt". På **niveau IV** bruger læsere konceptuelle kategorier fra niveauerne I til III for at begribe, og som regel transformere, tekstuelle irregulariteter og mærkværdigheder. Niveau IV konstituerer en altomfattende *dynamisk* proces, som igangsættes af læseoplevelsen. I overensstemmelse med, hvad Jonathan Culler med et mere generelt begreb kalder *naturalisering* (Culler 1975), har jeg kaldt denne proces *narrativisering*. (Jf. ovenfor under 1.2.3.)[2] Cullers naturalisering

2 [Afsnittet "Narrativisation" i første kapitel af *Towards a 'Natural' Narratologi*, ss. 31-35.]

handler om *fortolkning* af litterære tekster (og i særdeleshed poesi). Ifølge Culler forsøger læsere, når de står over for tekster, som i begyndelsen er inkonsistente eller uforståelige, at finde en ramme, der kan naturalisere inkonsistenser eller mærkværdigheder på en meningsfuld måde. I kontrast til Cullers mere generelle naturaliseringsproces drejer narrativisering på niveau IV sig udelukkende om *narrative* parametre. Den skitserer læseres forsøg på at finde mening i tekster, i særdeleshed tekster, der modstår enkle restitueringsforsøg på basis af parametrene fra niveauerne I til III. Narrativisering er den naturaliseringsproces, der sætter læserne i stand til at tage tekster, der fremstår som ikke-narrative ifølge de naturlige parametre på niveau I og II eller de kulturelle parametre på niveau III, og så gentænke dem som fortællinger. Sådanne fortolkningsstrategier tjener til at naturalisere tekster i retning af naturlige paradigmer, fx ved at levere en realistisk motivation, som hjælper til at sikre læselighed. Alain Robbe-Grillets roman *La Jalousi* (1957) er således ofte blevet narrativiseret som den jaloux ægtemands iagttagelser af sin kone gennem vinduets persienner.[3] På lignende måde narrativiserer læsere også diskurs, som ikke synes at have nogen synlig oprindelse. Selve termen "kamera-teknik", for eksempel, røber endnu en narrativisering, som forsøger at korrelere teksten med en ramme for genkendelig opleven (SYNS-rammen fra mit niveau II). I behandlingen af fortællen i anden person og af det apersonale *en, det* og (fransk) *on* (kapitel 6)[4] argumenterer jeg for, at sådanne tekster virkelig læses, ikke som en serie

---

3 Se fx Hamburger (1968, 103; 1993, 123f).

4 [Kapitel 6: "Virgin territorries: the strategic expansion of deictic options" (Jomfruelige områder: den strategiske udvidelse af deiktiske valg), *Towards a 'Natural' Narratologi*, ss. 222-268.]

handlinger i traditionel forstand, men som fortællinger, der portrætterer menneskelig opleven og en menneskelig historieverden. Læsere narrativiserer sådanne tekster ved at gribe til OPLEVE-rammen, idet de neutraliserer den mærkelige brug af pronominer, der gør sådanne tekster vanskelige at narrativisere i FORTÆLLE-rammen.

Hvordan forholder naturlige parametre sig til narrativisering? "*Naturlige*" parametre og rammer på niveauerne I til III er kun indirekte ansvarlige for narrativisering. Naturlige parametre *producerer* ikke narrativisering, men narrativisering bruger naturlige parametre som en *del af* den større proces, som læsere anvender på det fremmedartede. Naturaliseringsprocesser er læsestrategier, der gør det ukendte genkendeligt, og de reducerer derfor det uventede til håndterbare proportioner og tilpasser det til det kendte. Mens naturalisering og narrativisering er fortolkningsprocesser, er naturlige parametre eller rammer *kognitive* kategorier af *synkron* art, der korrelerer med realverdensviden. Narrativisering må nødvendigvis konceptualiseres som en kulturel og litterær proces, i hvilken begrebet om det naturlige spiller en helt afgørende, strukturerende rolle uden dog nogensinde at blive en del af det kulturelle produkt selv. Skønt narrativisering i sidste ende kan resultere i oprettelsen af nye genrer og nye narrative modi, bliver disse ikke af den grund "naturlige": Det fører kun til, at de kan restitueres ud fra et semantisk og interpretativt perspektiv, og dét bliver de gennem læsere, der kan gribe tilbage til naturlige kategorier. Imidlertid, så snart nye tekster fremkommer i massivt antal, som det har været tilfælde med romaner med indre fokalisering eller med andenpersons-fiktion, kan det ske, at de instituerer en ny genre eller en ny narrativ modus, hvorfor de skal inkluderes som en referencemodel på niveau III.

Hvad denne skitse giver, er en forklaring på narrative typer baseret på enkle, kognitive parametre. Man kan derfor nu opfatte Stanzels fortællesituationer som en direkte udvikling fra naturlige kategorier.[5] Fiktion med en fortællerfigur fremmaner ækvivalente fortællesituationer fra det virkelige liv og disses karakteristiske konstellationer. Hvis der er en personaliseret fortæller, for eksempel, kan en særlig kognitiv, ideologisk, lingvistisk position og til tider endda positioner i tid og rum tilskrives denne fortæller, og hun bliver en "taler" i overensstemmelse med et kommunikativt standardskript. Man kan således forklare hele den kommunikative analyse af fiktion som en (uretmæssig) overføring af rammen for det virkelige livs konversations-fortælling på litterære personae og konstruerede entiteter (som fx den berømte "implicitte forfatter"). For det andet, og til og med vigtigere, kan man spore de genkommende personaliseringer af den narrative funktion, der som regel ender i en fortællerontologi, til påvirkningen fra netop det samme skema, nemlig den typiske historiefortællens situations: Hvis der er en historie, må der være nogen, der fortæller den. Til og med mere absurd, eftersom den tidligere (skriptlogiske) tendens til at identificere den ikke-personaliserede fortæller med den (historiske) forfatter er blevet uacceptabel i kølvandet på modernismens æstetik; ansvaret for, at der bliver fortalt, er nu overført til den (skjulte) fortæller eller den implicitte forfatter, og dét selv i narratologiske kredse. Den hårdnakkede holden fast ved denne forudfattede idé om, at *en eller anden* (altså en menneskelig agent) må fortælle historien, synes snarere at være direkte udledt af fortællingens rammebegreb end af nogen nødvendig tekstuel evidens.[6]

---

5 [Jf. "Nykonstitueringen af de typiske fortællesituationer" (denne bog ss. 51ff.]

Førstepersons-fortællingen går selvfølgelig tilbage til fortællinger om personlige oplevelser, en model fra den mundtlige historiefortælling, som er blevet udviklet til selvbiografiske proportioner. Den egentlige selvbiografi er faktisk en relativt sen udvikling, en efterfølger af tredjepersonsformen "*NN's Liv*". Dette er trods alt ikke overraskende, siden man nemt kan fortælle om sine eventyr og bedrifter og særlige oplevelser på et eller andet tidspunkt; men at skrive sit liv kræver en vedholdende augustinsk anstrengelse for ud fra den tilfældige rækkefølge af erindrede scener (personlige fortællingers materiale) at konstruere en velstruktureret beretning med et teleologisk snit. Paradoksalt nok er det langt lettere at vide og fortælle om *andre* menneskers liv, og det dukker op som en genre kort efter, at prosaen tager over.[7] Ligeledes kan litterære tredjepersonsfortællinger af den autoriale type nu diskuteres i begreber om historiefortællende modeller, som stammer fra den mundtlige digters institution og fra den folkelige fortællings form. Den autoriale fortællers figur kan da ses som en erstatning for den synlige og hørbare *jongleur* (Kittay og Godzich 1987) og bliver en selvstændig tekstuel funktion med efterfølgende udvikling af form og indhold. For så vidt som litterære tekster gør krav på historisk sandhed og mimetisk realisme, forbliver den autoriale fortællers funk-

---

6 Se også argumentet i Hempfer (1990, 127): "Mig forekommer det altså muligt at definere fiktionalitet som en som-om-struktur, således at fiktionale tekster konstitueres over en mængde strukturer, som de lader fremtræde strukturelt isomorft med bestemte typer ikke-fiktionale diskurser, men samtidig således, at de har strukturer til rådighed, der viser, at isomorfien kun er en tilsyneladende."

7 Dette har gyldighed for den græske antik og for middelalderen, men måske ikke uden videre for latinsk prosa.

tioner forbundet med aktuelle fortælle- og skrivesituationer. Førstepersonsfortælling og autorial fortælling er imidlertid kun undertyper af FORTÆLLE-rammen (niveau II) og konstitueres snarere generisk (med reference til niveau III) end ved direkte tilbagegreb til naturlige parametre på niveauerne I og II.

Den tredje af de typiske fortællesituationer ifølge Stanzel, den figurale, udvikler sig til gengæld fra to helt forskellige retninger. På den ene side er der fra forfatternes side en forøget interesse for bevidsthed, som regel tredjepersons-bevidsthed, hvilket resulterer i en udvidet portrættering af individers indre liv[8]: Tidlige eksempler er Aphra Behn, Horace Walpole, Ann Radcliffe og Jane Austen, og – for førsteperson – Charles Brockden Brown og William Godwin. (Brevromaner har deres del i denne fremhævelse af bevidsthed.) Så længe der samtidig er en fortsat interesse for realisme og historie, resulterer portrætteringen af bevidsthed i den alvidende romantype. Det vil sige, at fiktionslitteraturen på et tidspunkt opdager, at den ikke alene kan præsentere en andens indre liv ved at gætte sig til det og så ved en smule opfindsomhed (så at sige ved at strække fantasien lidt), men kan give en omfattende præsentation af bevidsthed, som om man læste folks tanker. Dette var endnu ikke en mulighed i 1500-tallets roman. Den frivillige suspension af mistro[9] er lige præcis den holdning, der bliver nødvendig med henblik på dette ret så ikke-naturlige kunststykke (jf. Cohn 1990: 790f). Har man imidlertid først en gang været inde i folks hoveder, kan man dispensere fra den alvidende fortæller-konvention, for "han" er hverken mere eller mindre "virkelig" end en position, fra hvilken man ser

---

8 [*an extended portrayal of the mind*]

9 [*suspension of disbelief*]

direkte ind i en karakters sjæl. Fra den alvidende fortæller,[10] der blander sig mindre og mindre i de fiktionale personae, er det derfor kun et kort skridt til en tekstuel model, der visualiserer fortællingen som en direkte præsentation af karakterers bevidsthed. Man kan afstå fra at fortælle, læsere orienterer sig ganske enkelt i forhold til en position i den fiktionale verden; de er ikke længere begrænset til at opleve historien som noget, der skete med en anden person, som de skal forbinde med deres eget liv gennem et bevidst forsøg på empati og forståelse. Figural eller reflektoral fortælling gør det i stedet muligt for dem at opleve den fiktionale verden indefra, som om man ser ud på den fra protagonistens bevidsthed. En sådan læseoplevelse er struktureret i den naturlige OPLEVE-rammes begreber, som inkluderer perceptions-, følelses- og kognitionsoplevelser. Det virkelige livs parametre overskrides. I stedet for bare at iagttage og gætte sig til andre menneskers bevidsthed, kan rammer, som naturligt kun står til rådighed for egen opleven, anvendes på tredjeperson.

Ikke desto mindre er nysgerrigheden over for andre stadigvæk en del af vor egen hverdagslige bevidsthed, og denne mangel på viden har sin egen detektiviske og/eller voyeuristiske tillokkelse. I det, der er blevet kaldt neutral fortælling[11], betyder det at nægte læseren adgang til bevidsthed – i det

---

10 Hempfer citerer en mindeværdig passage fra Gautiers *Capitaine Fracasse*: "Vi begår denne usømmelighed, som ikke savnes hos nogen forfatter, og uden at sige noget til den lille lakej, der går i forvejen for at underrette kammerpigen, trænger vi ind i sovekammeret, sikre på, at vi ikke forstyrrer nogen. Den, der skriver en roman, har naturligvis Gyges' ring på sin finger, den gør usynlig" (Hempfer 1990, 129, fodnote 71).

11 [Nemlig af Franz K. Stanzel i hans tidligste fortælleteoretiske værker.]

omfang den selvrefleksivt undlader at indfri læserforventninger – en tilbagevenden til det virkelige livs væren henvist til iagttagerens position, hvilket konstituerer en velovervejet litterær strategi. Historisk er det ingen tilfældighed, at neutral fortællen blev opfundet præcist på det tidspunkt, da læsere havde vænnet sig til at forvente fuld adgang til protagonistens bevidsthed. En sådan forventning måtte gøre afvisningen af indre synsvinkler desto mere frustrerende og derfor anspore læsere til at søge det opståede vakuum udfyldt ved hjælp af fortolkninger – idet den placerede informationsmanglen vedrørende karakterers følelser og motiver på linje med karakterernes indifferens, manglende evne til at erkende deres følelser, forstå de aktuelle forhold etc. I fraværet af en fuldt udstyret, evaluerende fortællerfigur er manglen på indre synsvinkel således på karakterens side umiddelbart forbundet med (mimetisk) psykologisk motivation, og det gælder i særdeleshed i neutrale førstepersonstekster. Kamera-fortællen har selvfølgelig også profiteret af filmens eksempel, hvilket – som en ny oplevelsesform for læsere – tilbød en interessant æstetisk model. I tekster som Muriel Sparks *The Driver's Seat* (1970) bliver romanens tematiske brændpunkt – det uforståelige i en psykopats sjæleliv – en metafor for læserens forvirring over den narrative præsentation, der placerer hende som en uforstående iagttager af tvangspræget adfærd.

Endelig har vi så narrative tekster, som synes fuldstændigt henvist til ikke-narrative modeller (ikke-narrativ i termens traditionelle betydning). Fortælling i form af drama (Circe-episoden i Joyce's *Ulysses*), dialog (værker af Ivy Compton-Burnett og Christine Brooke-Rose, Gabriel Josipovicis *In a Hotel Garden* (1933) eller Nathalie Sarrautes *Tu ne t'aimes pas* (1989)), eller i spørgsmål-og-svar-format (Ithaca-episoden i *Ulysses*) – alle disse savner formalt set narrativitet, men dog ikke et væsentligt narrativt perspektiv, for de kan stadigvæk læses som portrætter af menneskelig opleven, selv hvis læseren er nødt til at læse mellem linjerne for at opdage den historie og/eller oplevelse, der er begravet under den ikke-narrative kappe. I endnu højere grad er sådanne læseevner påkrævede ved eksperimentelle tekster som Becketts sene prosafiktion, hvor narrativitet synes at blive konstitueret udelukkende i læseprocessen, og med liden hjælp fra sprogets referentielle potentiale. Vellykkede narrative læsninger af "Ping" og sammenlignelige tekster bliver kun mulige, for så vidt som man forestiller sig en menneskelig agent eller bevidsthed i en radikalt fortvivlende situation. Læsninger, der ser sådanne tekster som en leg med ord uden nogen forbindelse med en eksistentiel (fiktional) situation, er, vil jeg påstå, læsninger, der – *en fin de compte*[12] – frakender disse tekster narrativitetens konstituerende egenskab.

Hvad er det, denne model "gør" – sammenlignet med Genettes og Stanzels standardparadigmer? Som jeg har illustreret udførligt i min diskussion af narrativitet, baserer "naturlig" narratologi sig på en meget specifik definition af fortælling, som tematisk identificeres med præsentation af *experientiality*[13]. Formalt kan man nu hævde (jeg har endnu kun antydet dette), at enhver fortælling bygger på bevidsthedens

12 [*i sidste ende.*]

13 [*experientiality* (bogstaveligt: "opleve(lses)mæssighed") – for Fludernik en teknisk term og et overbegreb, der samler alle dimensioner i hendes overvejelser om narrativitet i sig. Eftersom der næppe findes et acceptabelt dansk ord eller en brugbar neologisme, der kan oversætte *experientiality*, har redaktører og oversætter valgt at lade termen stå uoversat.]

medierende funktion. Denne bevidsthed kan dukke op på flere niveauer og i forskellige skikkelser. Bevidsthed omfatter både levet *experientiality* og intellektuelle forsøg på at komme til rette med oplevelser, og den inkluderer lige så meget en forståelse af handlen, som den med nødvendighed omfatter en forståelse af mentale processer. Narrative modi finder derfor alle en "løsning" eller medieres på basis af kognitive kategorier, der kan identificeres som menneskelige bevidsthedskategorier. Fortællinger præget af en fortælle-modus anvender den menneskelige fortællers prototype, en fortællers styrende bevidsthed, for at mediere oplevelsen af historien. På den anden side anvender figural eller reflektoral fortællen[14] protagonistens bevidsthed og bruger denne som ankerpunkt for at skabe orden i den narrative opleven, idet den er henvist til protagonistens bevidsthed som center for kognition, tankevirksomhed og subjektivitet. Neutral fortælling og tekster, der stemmer overens med Banfields definition af det "tomme centrum" (Banfield 1987), placerer ordningen af bevidsthed i en surrogatfigur, nemlig læseren, der "ser" og derved konstruerer narrativ opleven. (For en udførligere argumentation herom se kapitel 5.)

Min kognitive models fire niveauer er derfor den operative, læserorienterede side af den dybdestrukturelle mediering af fortællinger, der anvender bevidsthed som sin kognitive struktur. Det er denne kognitive basisstruktur, der tillader, at ikke-naturlige former for fortælling og al selvrefleksiv, eksperimentel skrivning får en plads i den "naturlige" fortællings

---

14 [*figural* og *reflectorial* er Stanzels egne engelske oversættelser af adjektivet *personal*, som han bruger i sine tyske originaltekster for at kvalificere en "fortællesituation", der er domineret af en fortalt persons synsvinkel (Genettes "indre fokalisering").]

model. Ikke alene er refleksivitet og selvrefleksivitet simpelthen aspekter af menneskelig tankevirksomhed og, på trods af deres meta-teoretiske karakter, *del* af tekstproducentens styrende bevidsthed (anskuet i mange postmodernistiske tekster som den såkaldte "implicitte forfatter"); metarefleksionen selv kan, som en aktivitet forbundet med en (meta)bevidsthed, behandles som et niveau i fiktional mediering. Det foreslåede paradigme for "naturlig" narratologi kan fremstilles i nedenstående diagram:

menneskelig *experientiality* = fortællingens emne

mediering (narrativisering) ved hjælp af bevidsthed
(en kompleks naturlig kategori med flere mulige rammer
at vælge mellem)

narrativitet = medieret *experientiality*

FORSKELLIGE MÅDER AT KONSTITUERE BEVIDSTHED PÅ:

(a) Protagonists		
bevidsthed	(OPLEVEN)	reflektormodus-fortælling
(b) Fortællers		
bevidsthed	(FORTÆLLEN)	fortællermodus-fortælling
	(REFLEKTEREN)	megen eksperimentel, selvrefleksiv fiktion
(c) Seers		
bevidsthed	(SEEN)	neutral fortælling; Banfields tomme centrum; reflektorisering

Disse optioner er ikke kategorier, der gensidigt udelukker hinanden i anvendelsen på tekster; de kan kombineres og udvides på den måde, hvorpå prototyper kan udvides og anvendes på nye situationer. Den selvrefleksive bevidsthed, baseret på REFLEKTEREN, er en udvidelse af den ramme, der anvendes i almindelig fortællermodus-fortælling. Disse meget abstrakte kognitive parametre bringes i spil i læseprocessen og i fortolkende narrativ opleven.

De forslag, jeg her skitserer i præliminær form, konstituerer en lagdelt model for læseprocessen og støtter sig på hvert niveau til en kombination af kognitive modeller. De mest omfattende prototyper, som nogenlunde svarer til Stanzels narrative situationer, kan faktisk beskrives som metaforiske anvendelser af typiske real-verdens-strategier for at skabe mening: fortællemodellen (hvor personlig opleven indtager en privilegeret position), oplevemodellen, syns-/iagttagelsesmodellen. Set i diakronisk rækkefølge giver disse mønstre en god indsigt i udvidelsen af naturlige parametre, en udvidelse, der muliggør udviklingen af fuldkomment ikke-naturlige modeller som fx alvidende og, senere, reflektor-modus-fortælling. Kognitive modeller interagerer kreativt med hinanden; de kan derfor ikke reduceres til en enkel metafor, som kan anvendes overalt og til alle tider. Hvis man imidlertid tager samspillet med bevidste skrivestrategier af metafiktional og selvrefleksiv art i betragtning – de har altid såvel styrket som undergravet prototypisk narrativ realisme – kan man strække rækkevidden af narratologiske undersøgelser ud over deres nuværende begrænsninger. Skitsen ovenfor behøver klart nok lidt finjustering, og den vil blive udført i kapitel 8,[15] efter at vi først har fulgt teoriens anvendelser i vor diakrone gennemgang.

Hvad modellen i sin nuværende skikkelse derfor forsøger at gøre, er at redde diakroniske overvejelser for studiet af fortællinger og gøre det muligt at diskutere narrativitet og narrative strukturer, der gør sig gældende i hele området af foreliggende narrative diskurser. Følgelig er det ikke alene min intention at reintroducere tekster, som standardparadigmerne har været tilbøjelige til at ignorere; jeg ønsker også at etablere en teoretisk ramme, der transformerer narratologiske standardparadigmer til prototypiske specialtilfælde, som kan udvides på en radial facon. En sådan tilgang vil være tilbøjelig til at forklare den intuitive perception af, at der faktisk foreligger en mangel på tilstrækkelige og endda nødvendige betingelser for at definere teksttypen *fortælling*. At repræsentere menneskelig opleven er fortællingens centrale formål, og det kan opnås både med handlingsrapportens lavniveau-narrativitet og med forskellige, sofistikerede kombinationer af fortælle-, syns- og oplevemønstre. Læse-, fortolknings- og forståelsesprocesser er i denne model derfor organisk eller "naturligt" struktureret på basis af prototypiskhed, ligesom de støtter sig til "naturlige" kognitive parametre, hvad angår deres mere specifikke detaljer. Den allervigtigste brug af modellen, ud over, at den "forklarer" fortællesituationer som kognitivt relevante kategorier, synes derfor at være dens evne til at spore udviklingen af nye narrative typer – det vil sige spore den aktive indsættelse af kognitive strategier, der er baseret på kognitive real-verdens-skemata, der går forud for tekstuelle og generiske modeller. Desuden, og ikke mindre vigtigt, forsøger jeg at give plads til både den mest oversete narrative type – mundtlig historiefortælling – og de mest outrerede, legende

15 [Kapitel 8: "Natural Narratology" (Naturlig narratologi), *Towards a 'Natural' Narratologi*, ss. 311-375.]

og eksperimentelle tekster i et samlet narratologisk analyseprojekt, der illustrerer, at fortællinger, skønt deres former er vidt forskellige, hviler på en og samme definerbare kerne af narrativitet. Med disse midler vil narratologien endelig kunne udstyres med en definition af sin genstand på trods af de besynderligt tvetydige definitioner i de fleste standardværker.[16] Naturligvis vil mine udkast ikke kunne udtømme emnet. Det er ikke tilfældigt, at det nye paradigme bærer den passende titel ***Mod** en "naturlig" narratologi*; den giver rigelig plads for udvidelse og forbedring og endda falsificering, hvis man ønsker at respondere på det.

---

16 Jf. Mathieu-Colas (1986), som gennemgår inkonsistenser i definition og anvendelse i præsentationen af narratologiens genstand i værker af Genette og andre strukturalistiske narratologier.

DORRIT COHN

"FIKTION" SOM IKKE-REFERENTIEL FORTÆLLING

Fra *The Distinction of Fiction*, Baltimore & London: The Johns Hopkins University Press, 1999, ss. 9-16.

Skønt termen *fiktion* gennem tiderne er blevet brugt i alle de betydninger, vi har nævnt ovenfor,[1] var der visse tænkere, der forberedte vejen for fiktionens litterært-generiske betydning af ikke-referentiel fortælling.

Ifølge et antal ledende moderne teoretikere var den første af disse Aristoteles. Det kan synes overraskende i betragtning af, at der ikke findes nogen præcis græsk ækvivalent for ordet *fiktion*. Nutidige fortolkere af *Poetikken* mener imidlertid, at *mimesis*, den distinktive aristoteliske term for det, der karakteriserer litterære kunstprodukter, er meget tæt på, om ikke ligefrem identisk med, betydningen af det ord i vesteuropæiske sprog, der kommer af det latinske *fictio*.[2] Som

---

1 [Ud over fiktionsbegrebets "litterært-generiske betydning som ikke-referentiel fortælling" har Cohn i det foregående afsnit diskuteret fire andre betydninger: fiktion som usandhed (løgn), fiktion som begrebslig abstraktion (i filosofi), fiktion som (al) litteratur, og fiktion som fortælling overhovedet.]

2 Se referencerne til tyske klassicister, der fortolker Aristoteles' *mimesis*-begreb på denne måde, i Hamburger, *The Logic of Literature* (345-46, n7). En engelsk præcedens for at gengive *mimesis* med ordet *fiktion* kan findes i L. J. Potts, *Aristotle on the Art of Fiction*. At identificeringen af de to begreber med hinanden stadig-

Käte Hamburger og Gérard Genette har fremhævet, var Aristoteles' *poiesis* og *mimesis* strengt begrænset til dramatiske og narrative modi, og de omfattede helt klart ikke poesi.[3] I overensstemmelse hermed citerer Genette fra en oversættelse, som uapologetisk gengiver *mimesis* som "fiktion": "Le poète doit plutôt être artisan d'historie que de vers, puisque c'est par la fiction qu'il est poète, et que ce qu'il feint c'est des actions" ("Digteren skal snarere være tilvirker af historie end af vers, for det er i kraft af sin fiktion, han er digter, og det, han opfinder, er handlinger").[4] Idet man husker, at den passage, citatet er hentet fra, kommer umiddelbart efter den passage, der rummer den berømte antitese mellem digter og historiker, kan man uden vanskelighed konkludere, at Aristoteles' *Poetik* er det værk, der lancerede ideen om fiktion i betydningen ikke-referentiel fortælling.[5]

---

væk er kontroversiel, kan imidlertid ses af Cristopher Gill, "Plato on Falsehood—not Fiction", i *Lies and Fiction in the Ancient World*, 75-77.

3 Se Hamburger, *The Logic of Literature*, 10-14, og Genette, *Fiction and Diction*, 6-9. Hamburger argumenterer desuden for, at Aristoteles' *poiesis* (hans samlende term for litterære kunstværker) er identisk med fiktion, en ækvivalering, der underbygges af klassicisten Wesley Trimpi, som oversætter *poiesis* med "fiction" gennem hele sin *Muses of One Mind* (fx 9, 25, 57).

4 *Fiction et diction*, 17; min oversættelse. Genette angiver ikke, hvilken oversættelse han citerer fra – den kan meget vel være hans egen. Den engelske oversættelse af *Fiction et diction* taber et vigtigt trin i argumentet ved at citere Loeb-oversættelsen af Aristoteles, som gengiver *mimesis* med "representation" – et ord, som i de nyeste oversættelser af *Poetikken* har erstattet "imitation" [på dansk ofte "efterligning"] som den mest brugte gengivelse af *mimesis*.

5 For både Hamburger og Genette er denne påstand rigtig, på trods af at Aristoteles, selvfølgelig, tager tragedien og ikke den fiktio-

Før slutningen af det 18. århundrede er det faktisk Aristoteles' autoritet, man påberåber sig i de sjældne tilfælde, hvor *fiktion* anvendes som en positiv term i litterære diskussioner. At dette først og fremmest sker med det formål at gøre romanen respektabel, fremgår klart af en af de første afhandlinger, som eksplicit handler om romanen, Pierre Daniel Huets *De l'origine des romans* (1670):[6] "Suivant cette maxime d'Aristote que le Poète est plus Poète par les fictions qu'il invente que par les vers qu'il compose, on peut mettre les faiseurs de Romans au nombre des Poètes" ("Idet man følger Aristoteles' maksime, som lærer, at Digteren er mere Digter ved de fiktioner, han opfinder, end ved de vers, han komponerer, vil Roman-magerne kunne stilles i Digternes rækker").[7] Men denne afhængighed af Aristoteles er ikke længere synlig i det værk, som meget vel kan være det første, der skilter med ordet *fiktion* i sin titel: Madame de Staëls "Essai sur les fictions" (1795). Skønt der her diskuteres flere typer narrative "fiktioner", er den største del af Madame de Staëls "Essai" viet til den type, hun selv foretrækker frem for alle andre: "fictions

---

nale fortælling som den principielle genre, der inkarnerer hans begreb om poiesis.

6 [Cohn låner her Genettes korttitel; den korrekte, oprindelige titel på Huets afhandling er: *Traitté de l'origine des romans* ("Afhandling om romanens oprindelse").]

7 Citeret i Genette, *Fiction et diction*, 17 [Genettes citat her er lidt unøjagtigt: en forenklet gengivelse af Huets sætning]. Den engelske oversættelse citerer fra den engelske oversættelse af Huets værk (1672); bemærk, at den sidste gengiver det franske *Romans* med "Romances", i overensstemmelse med den dominerende kritiske term, der blev brugt i England på denne tid. [Den engelske oversættelse gengiver nemlig *faiseurs de Roman* med "makers of Romances".]

naturelles" – den slags fortællinger, som er præget af "la connaissance intime de tous les mouvements du coeurs humain" ("det intime kendskab til alle menneskehjertets rørelser").[8] Madame de Staël bliver således fortaler for at betragte en art realistisk fortælling, der nærmer sig romanen, som "fiktion" (og for at kalde den "fiktion") – meget på samme måde, som termen rutinemæssigt anvendes i dag.

Men det var kun gradvist i løbet af det næste århundrede, at *fiction* blev den engelsksproglige standardterm for litterære prosafortællinger.[9] Da Henry James publicerede *The Art of Fiction* (1884) og Walter Besant en forelæsning af samme navn, var det ikke længere nødvendigt at forklare eller motivere dette ordvalg. Siden har ordbøgerne oplistet den generiske betydning som en af flere etablerede betydninger,[10] og den leverer *le mot juste* for praktiserende romanforfattere – Edith Warton, *The Writing of Fiction* (1925) – ikke mindre end for undervisningsorienterede kritikere – Cleanth Brooks og R. P. Warren, *Understanding Fiction* (1943) – som ønsker at betegne en kollektiv genre, der foruden romanen omfatter narrative undergenrer som novellen, *the tale* og *the short story*.[11] Skønt mindre standardiseret på fransk og tysk er ter-

---

8 "Essai sur les fictions" i Madame de Staël, *Zulmar et trois novelles*, 37, min oversættelse.

9 Den til dato mest detaljerede redegørelse for denne udvikling i England findes i Ulrich Keller, *Fiktionalität als literaturwissenschaftliche Kategorie*, 47-51.

10 Betydning nr. 4 i *Oxford English Dictionary* lyder for eksempel: "Den art litteratur, der handler om at fortælle imaginære begivenheder og portrættere imaginære karakterer; kompositionen i værker af denne art."

11 [Der findes ikke på dansk alment accepterede, præcise ækvivalenter til de engelske termer *tale* og *short story*.]

men også i disse sprogs kritik-diskurs i dag blevet almindelig som betegnelse for fiktionsfortællinger.[12]

Som vi imidlertid har set, har denne standardisering af *fiktion* som en generisk term ikke ført til, at dens andre betydninger er elimineret. Og det er tilfældet, selv om den i alle fire af disse betydninger bliver brugt som et synonym for andre, umiddelbart tilgængelige ord: usandhed, abstraktion, litteratur, fortælling. Skønt det sikkert er nytteløst at organisere et felttog for leksikalske reformer, kan man måske håbe, at en klarere bevidsthed om ordets semantiske instabilitet vil få litteraturkritikere til at holde sig til dets begrænsede, generiske betydning. Min hensigt er i hvert fald at bruge termen *fiktion* konsistent gennem hele denne studie i den eksklusive betydning af en litterær, ikke-referentiel fortælling.[13]

Ikke-referentiel fortælling: Det er nødvendigt at kvalificere både substantiv og adjektiv i denne definitoriske formel, før

---

12 For et typisk eksempel på aktuel fransk sprogbrug, se Genette, *Fiction et Diction*; for et eksempel på tysk sprogbrug, se Keller, *Fiktionalität als literaturwissenschaftliche Kategorie*.

13 I *The Fictive and the Imaginary* griber Wolfgang Iser tilbage til en anden strategi for at holde fiktionalitet som et litterært centralbegreb adskilt fra dets andre (navnlig filosofiske) associationer: han foreslår at erstatte *fiktion* i dets litterære betydning med "det imaginære". For mig ser det imidlertid ud, som om den engelske term *fiction* er blevet for solidt etableret som betegnelse for en litterær genre, til at den tillader, at denne betydning afvises en gang for alle. Endvidere kan Isers "imaginære" næppe opfattes som en term med en klargørende, entydig mening. En anden kritiker reagerer på termen *fiktions* entydige mening med det endnu radikalere forslag at anvende termen *antifiktion* på æstetiske værker; se Odo Marquand, "Kunst als Antifiktion", 35-54.

den meningsfuldt kan anvendes på materier, der er relevante for fiktionens distinktion.

Uden at deltage i den teoretiske diskussion af termen *fortælling*[14] henter jeg følgende, bredt accepterede definition fra den: en serie udsagn, der relaterer sig til en kausalt forbundet sekvens af begivenheder, som handler om menneskelige (eller menneskelignende) væsner. Opfattet på denne facon må fortællingen først og fremmest udelukke alle generelle udsagn om "sandhed" som kendetegner teoretisk, filosofisk, forklarende, spekulativ eller kritisk diskurs. Den udelukker også rent deskriptive udsagn og følelsesudtryk. I den generiske betydning inkluderer fiktion helt klart alle de diskursformer, som denne definition ekskluderer. Utallige romaner starter med udsagn af typen "Alle lykkelige familier ligner hinanden; enhver ulykkelig familie er ulykkelig på sin egen måde"; og få fortællere undgår helt at levere generaliseringer (som regel i præsensform) om verden i det store og hele, samfundet og den menneskelige natur. Fiktionale værker er desuden fyldt til randen med beskrivelser af steder (Maison Vauquer; huset, som Thomas Buddenbrooks byggede), ting (Charles Bovarys hat, den gyldne skål i *The Golden Bowl*) og karakterer (Dorothea Brooke, Emma Woodhouse). Det er indlysende, at termen *fiktion* ikke kan reserveres for tekster, som er fri for ekstranarrativt sprog overhovedet. Men man *kan* foreslå, at den kun anvendes på tekster, hvor ekspositorisk eller deskriptivt sprog er *underordnet* det narrative sprog: tekster, hvor generaliseringernes principielle funktion er at oplyse

---

14 [Eng.: *narrative.*] Se Philip M. Sturgess, *Narrativity: Theory and Practice*, i særdeleshed åbningskapitlerne; Marie-Laure Ryan, "The Modes of Narrativity and Their Visual Metaphors"; Monika Fludernik, *Towards a 'Natural' Narratology*, 26ff og 318ff.

og beskrivelsernes at kontekstualisere eller symbolisere de fortalte begivenheder og karakterer.

Vi må imidlertid være opmærksomme på, at underordning ikke kun er et spørgsmål om kvantitet; læsere kan være uenige om, hvilket sprog er underordnet et andet i en tekst. Skønt det er svært at forestille sig en eller anden, der vil hævde, at *Anna Karenina* ikke er et narrativt værk, men kun en illustration af den generalisering, det starter med, har nogle kritikere af *À la recherche du temps perdu* faktisk argumenteret for, at dens fortælling kun er en illustration af ideer, som Proust udviklede i værkets essayistiske passager.[15] Skønt dette spørgsmål – som rejser sig med størst styrke for genrer, der tangerer, hvad Marie-Laure Ryan kalder "instrumentel narrativitet" (fabler, parabler, anekdoter)[16] – ikke er centralt for mit anliggende i denne studie, ville jeg her ikke forbigå det i tavshed.

Adjektivet *ikke-referentiel* i den definitoriske formel "ikke-referentiel fortælling" behøver en noget længere kvalificering. Først og fremmest betyder det, at en fiktionsfortælling skaber den verden, den refererer til, ved at referere til den. Denne selvreferentialitet er særligt påfaldende, når en roman fra begyndelsen kaster os ind i den fiktionale figurs sansninger af rum, som i *Slottet*:

Det var sen aften, da K. ankom. Landsbyen lå i dyb sne. Af slotsbjerget var intet at se, tåge og mørke omgav det, ikke engang det svageste lysskin antydede det store slot. Længe stod

15 Se fx Roland Barthes, "Longtemps je me suis couché de bonne heure... " i *The Rustle of Language*, 277-90.

16 Ryan, "The Modes of Narrativity", 380-81.

K. på træbroen, der fører fra landevejen til landsbyen, og kiggede ind i den tilsyneladende tomhed foroven.

Så gik han for at søge et natteleje.[17]

Her, som i resten af Kafkas roman, véd og ser vi kun, hvad K. véd og ser, det gælder også den tomhed, som måske (eller måske ikke) rummer "et slot". Den unavngivne landsby, K. ankommer til, forbliver navnløs, idet romanen fortsætter, og bliver aldrig situeret i noget land, og begivenhedernes tid bliver aldrig historisk specificeret. Den verden, der er fremstillet i *Slottet*, forbliver kort sagt helt til romanens slutning adskilt fra den aktuelle verden; vi finder her i reneste form, hvad Benjamin Harshaw kalder "en indre referenceramme".[18] Men vi kan lige notere, at indre referencerammer ikke på nogen måde er fuldstændigt uafhængige af den aktuelle verden, vi kender. Når vi kan forholde os til Kafkas begyndelse på trods af dens næsten drømmeagtige ubestemmelighed, er det, fordi dens referencer peger på ting, vi kender: sne, mørke, en landsby, en bro, natlig ankomst til et ukendt sted.

Men rent indre referencerammer er en sjælden forekomst i fiktion. Hvis adjektivet *ikke-referentiel* skal være meningsfuldt, må det ikke kunne misforstås som en henvisning til, at fiktion aldrig refererer til den virkelige verden uden for teksten. Mange realistiske romaner begynder på samme måde som *Følelsernes opdragelse*:

Den 15. september 1840 hen ad klokken seks om morgenen puffede damperen Ville-de-Montereau, klar til afgang, fede

---

17 Franz Kafka, *The Castle*, 3. [*Das Schloß*, Frankfurt am Main: Fischer Taschenbuch, 2001, s. 9.]

18 "Fictionality and Fields of Reference", 232.

røghvirvler op af skorstenen foran Saint-Bernard-kajen...

Omsider lagde skibet fra kajen; og flodens bredder, tæt besat af magasinbygninger, af skibsværfter og fabrikker, gled forbi som to brede bånd, man ruller ud.

En ung mand på atten år, langhåret og med en skitsebog under armen, stod tæt op ad rattet, ubevægelig...

Monsieur Frédéric Moreau, nylig bleven student, var på vej tilbage til Nogent-sur-Seine, hvor han skulle henslæbe et par måneder, før han kunne gå i gang med sit jurastudium...

Frédéric tænkte på det værelse han skulle bo i dernede, på en idé til et skuespil, på motiver til malerier, på kommende lidenskaber. Han fandt, at den lykke, som hans mageløse sjæl fortjente, var længe om at indfinde sig.[19]

Flaubert lægger ud med præcise specifikationer af historisk tid og geografisk sted: Fortælleren nævner et virkeligt dampskib, som i 1840 tager af sted fra en virkelig kaj i Paris med en virkelig provinsby som destination. Med introduktionen af Frédéric indsættes imidlertid en opfundet persons liv i den virkelige verden: først ved at forklare hans omstændigheder, og inden længe ved at gengive hans perceptioner, tanker og følelser. Her har vi da, hvad Harshaw kalder en "dobbelt-dækker"-model for reference: en indre ramme indlejret i en ydre ramme.[20]

---

19 Gustave Flaubert, *A Sentimental Education*, 3-4. [Gengivet med enkelte ændringer efter Erik Bartholdys oversættelse (København: Rosinante, 2002), s. 7-8.]

20 Harshaw, "Fictionality and Fields of Reference", 249. Nogle teoretikere udskiller endnu flere referencetyper end Harshaws to typer, fx "intertekstuelle referenter" og "selvrepræsenterende referenter"; se Margolin, "Reference, Coreference, Referring", 521 og Linda Hutcheon, "Metafictional Implications for Novelistic Reference", 9.

Som disse typiske begyndelser indikerer, mener vi ikke med fiktionens ikke-referentialitet, at fiktion ikke *kan* referere til verden uden for teksten, men at den ikke *behøver* at gøre det. Men derudover betyder adjektivet i min definitoriske formel også, at fiktion er underlagt to intimt forbundne, distinktive træk: (1) dens referencer til verden uden for teksten er ikke forpligtet på nøjagtighed, og (2) den refererer ikke *udelukkende* til den virkelige verden uden for teksten.

Fiktionens potentiale for at referere unøjagtigt til den virkelige verden er mest åbenbar, når uvirkelige lokaliteter placeres i virkelige omgivelser; når Prousts fortæller holder ferie et sted i Normandiet kaldet Balbec, når Emma Bovary tager postvognen fra Yonville til Rouen, når Manns Adrian Leverkühn forlader skolen i det fiktionale Kaisersaschern og begynder på det virkelige universitet i Halle. Det er lige så evident (for det bliver klart ved at konsultere historiske kilder), at der aldrig var en guvernør i Louisiana ved navn Willie Stark, at hele den post-napoleonske regering i hertugdømmet Parma er fri fantasi fra Stendhals side, og at den stedsøn, som Dostojevski sørger over i J.M. Coetzees *The Master of Petersburg*, i virkeligheden overlevede forfatteren (og hele hans liv plagede ham finansielt). Disse opfindsomme manipulationer af mere eller mindre velkendte fakta understreger den særlige måde, hvorpå ydre referencer ikke vedbliver at være sandt ydre, når de indgår i en fiktionsverden. De er ligesom smittet indefra, underkastet den proces, som Hamburger kalder "fiktionaliseringsprocessen".[21]

Forstået på denne måde tillader det definerende adjektiv *ikke-referentiel*, at man skelner mellem to forskellige *slags* fortællinger, alt efter hvorvidt de handler om virkelige eller

21 Hamburger, *The Logic of Literature*, s. 113.

imaginære begivenheder eller personer. Kun fortællinger af den første slags, som omfatter historiske værker, journalistiske reportager, biografier og selvbiografier, kan gøres til genstand for domme om sandhed og falskhed. Fortællinger af den anden slags, som omfatter romaner, korte historier, ballader og epopeer, er immune for sådanne domme. Som en teoretiker formulerer denne binære opposition med særligt henblik på historiografien: "Historie er en narrativ diskurs med regler, der er forskellige fra dem, der styrer fiktion. Producenten af en historisk tekst hævder, at de entekstualiserede begivenheder faktisk fandt sted, før de blev entekstualiseret.[22] Det er således helt på sin plads at inddrage ekstratekstuel information med henblik på at fortolke og vurdere en historisk fortælling... Det forholder sig helt sikkert anderledes med fiktion, for i fiktion kan begivenhederne siges at blive skabt af og med teksten. De har ingen tidslig eksistens før denne."[23] En anden måde at formulere denne opposition på er at sige, at referentielle fortællinger er verificerbare og ufuldstændige, mens ikke-referentielle fortællinger er uverificerbare og fuldstændige. Vi kan undersøge nøjagtigheden af en Thomas Mann-biografi, pege på faktuelle fejl og skrive en ny baseret på nyopdaget materiale; men ingen kompetent romanlæser vil føle sig tilskyndet til at undersøge nøjagtigheden af Hans Castorps liv, som det fortælles i *Trolddomsbjerget*, eller konsultere arkiverne for at finde ud af, om han blev dræbt på den slagmark fra Første Verdenskrig, hvor hans fiktive liv ender.

---

22 [Cohn overtager her Robert Scholes' *entekstualisere*, som er et forslag til en teknisk term for det at nedfælde begivenheder på skrift, indskrive dem i en tekst.]

23 Robert Scholes, "Language, Narrative and Anti-Narrative", 211.

Som de to romanbegyndelser, vi citerede ovenfor, antyder, består den principielle proces, ved hvilken fiktion ændrer den virkelige verden, selv når den holder sig strengt til sidstnævntes geografiske og historiske data, i at forøge dens population: ved at implantere i den disse imaginære væsener som vi sædvanligvis kalder karakterer. Dét fører mig til det andet af de distinktive træk, som blev nævnt ovenfor, for det er ved sit enestående potentiale for præsentation af karakterer, at fiktion mest konsistent og mest radikalt afskærer forbindelserne til den virkelige verden uden for teksten.

I tredjepersons-fiktion indebærer denne præsentation en særpræget epistemologi, der tillader fortælleren en viden, som ikke er mulig i den virkelige verden og i fortællinger, der har som mål at præsentere denne: en viden om hans figurers indre liv. En sådan penetrativ optik kalder på tekniske midler – blandt andet dækket direkte tale – som er uden for rækkevidde for fortællere, der sigter på referentiel (nonfiktional) præsentation.[24] Disse tekstuelle markører kan vises at stemple

---

24 Dækningens teknik er detaljeret beskrevet i Dorrit Cohn, *Transparent Minds: Narrative Modes for Presenting Consciousness in Fiction*. Det stærkeste argument for, at præsentationen af indre liv er det kendetegn, der væsentligt adskiller fiktion fra nonfiktion, findes hos Hamburger, *The Logic of Literature*; hun anvender imidlertid denne tese udelukkende på fiktion i tredje person, som alene konstituerer, hvad hun kalder "episk fiktion". Skønt jeg er enig i meget af hendes argumentation, er jeg på dette punkt uenig. Når fiktion fortælles i første person, og skønt introspektion tager den plads, som den unaturlige præsentation af indre liv kan have i tredjepersons-fiktionen, er fortælleren selv ikke desto mindre et unaturligt præsenteret, imaginært væsen, hvor forskellen mellem fortæller og forfatter markerer hans eller hendes fiktionalitet; se kapitel 2 nedenfor ["Fictional versus Historical Lives: Borderlines

fiktive karakterer som borgere af en kunstfærdigt skabt verden, en verden, som, uagtet hvor meget den ligner i andre henseender, aldrig er identisk med den verden, der bebos af den forfatter, som opfandt den, og af hans læsere. Og dette fiktionsstempel gør en sådan tekst, som en teoretiker foreslår, "epistemologisk illegitim" i en grad, så dens fortæller må synes "vanvittig" for den, der misforstår den som en historisk tekst.[25]

---

and Borderline Cases" ("Fiktionale versus historiske liv: Grænser og grænsetilfælde").]

25 Félix Martínez-Bonati, "The Act of Writing Fiction", 426. Det er forbavsende at opdage, hvor sjældent det er, at fiktionsteoretikere anerkender denne markerede tekstuelle afvigelse. Mange benægter eller overser faktisk, at der overhovedet findes semantiske eller stilistiske indikatorer, der gør opmærksom på en fortællings fiktionalitet. Og det indbefatter også teoretikere, der lægger vægt på princippet om, at emancipationen fra referentialitet er fiktionens alt-eller-intet. Den følgende passage fra Lamarque og Olsen, *Truth, Fiction and Literature*, er ganske repræsentativ i den henseende: "Vi kan ret hurtigt eliminere nogle potentielle kandidater for fiktionalitetens konstitutive træk... Der er intet 'fiktionens sprog' som sådant... At lede blandt stilistiske eller formale træk efter nødvendige og tilstrækkelige betingelser er dømt på forhånd" (30). Denne benægtelse gør sig aktuelt gældende også blandt speech-act-teoretikere, selv om de er velkendt for deres insisteren på de forskellige kommunikative konventioner, der sætter sig igennem ved skrivning og læsning af fiktion.

JAMES PHELAN OG MARY PATRICIA MARTIN

"WEYMOUTHS" LEKTIONER: HOMODIEGESIS, UPÅLIDELIGHED, ETIK OG RESTEN AF DAGEN

Uddrag fra "The Lessons of ›Weymouth‹: Homodiegesis, Unreliability, Ethics, and *Remains of the Day*", i David Herman (ed.) *Narratologies: New Perspectives on Narrative Analysis*, Columbus: Ohio State University, 1999, ss. 89-104.

1. "WEYMOUTH": PÅSTANDE OG KONTEKSTER

I "Weymouth", det sidste hæfte i Kazuo Ishiguros *Resten af dagen*, fortæller en ældre hushovmester ved navn Stevens de sidste højdepunkter af sit liv, en narrativ situation, hvor det almindelige skel mellem oplevende og fortællende jeg er særlig relevant. Som oplevende jeg bliver Stevens så overvældet af blandede følelser af kærlighed og tab, genkendelse og sorg, at hans hjerte brister. Som fortællende jeg er Stevens så komplekst pålidelig og upålidelig, at Ishiguro placerer det autoriale publikum[1] i en meget intrikat etisk position. Stevens' fortællen er endvidere så rigt lagdelt, at den klassiske narratologis opfattelse af upålidelighed ikke kan yde hverken

1 Termen stammer fra Peter J. Rabinowitz og refererer til forfatterens ideale læser. I dette essay vil første person flertal ofte blive brugt for at beskrive det autoriale publikums responser. Dette publikum er synonymt med den "implicitte læser", men forskelligt fra både den læser, forfatteren fortæller til [eng. *the narratee*], og den "narrative læser", den iagttager-position som kød-og-blod-læsere indtager i fiktionens verden. For yderligere diskussion se Rabinowitz 1977 og 1987, Phelan 1996.

ham eller Ishiguro retfærdighed. Behændigt og upåfaldende tilbyder Ishiguro faktisk i "Weymouth" læseren en lektion i sofistikeret homodiegesis og dennes relation til læsningens etik, en lektion, som hans læsere er nødt til at registrere på et eller andet niveau, hvis de skal føle dybden og kraften i Stevens' erfaring. I dette essay skal vi forsøge at vise denne lektions detaljer med særlig opmærksomhed på, hvorledes Ishiguros teknik vejleder vore slutninger, hvor det er, den til tider overlader os til vore egne midler, og hvordan både den vejledning og den frihed, som teksten giver os, har betydning for vort engagement i Stevens. Ishiguros lektion vil lede os til at overveje to nye teoretiske modeller: (1) en omfattende, retorisk baseret redegørelse for upålidelighed, og (2) en retorisk tilgang til etisk kritik, der forbinder spørgsmål om form og teknik, ikke alene med det autoriale publikums responser, men også med responserne hos læsere af kød og blod.[2]

---

2 I et meget fint essay om Ishiguros teknik finder også Kathleen Wall, at Stevens' fortællen er en udfordring til eksisterende teorier om upålidelig narration, men vor retoriske model lægger større vægt på læserens aktivitet, end hendes mere strengt formale model gør. Følgelig bevæger vor diskussion sig mod læsningens etik, mens hendes bevæger sig mod forholdet mellem samtidige ideer om subjektivitet og upålidelighed. Vi finder meget, der er beundringsværdigt i hendes essay, men af grunde, som vil blive indlysende, er vi uenige i enkelte af hendes generelle konklusioner, i særdeleshed pointerne om, at romanen "dekonstruerer begrebet om sandhed" (1994, 23), og at forfattere ved århundredets slutning med større sandsynlighed end forfattere fra dets begyndelse vil være "mere optaget af værdier end af årsager til og konsekvenser af splittet subjektivitet" (38).

2. AT LÆSE DEN UPÅLIDELIGE STEVENS PÅLIDELIGT

For næsten fire tiår siden gav Wayne C. Booth, i *The Rhetoric of Fiction*, et navn til fortællere, hvis ord ikke kan tages for pålydende, da han introducerede, hvad der er blevet en af de mest udbredte distinktioner i klassisk narratologi: En fortæller er "*pålidelig*", skriver Booth, "når han taler for eller handler i overensstemmelse med værkets normer (hvilket vil sige den implicitte forfatters normer), *upålidelig*, når han ikke gør det" (1983, 158-59). Booth går videre til at forklare, at en forfatter kan være upålidelig angående fakta (begivenhedernes akse) eller angående værdier (etisk akse), og så til at beskrive den særlige kommunikation – "kommunion og endda... dyb hemmelig forståelse" (307) mellem implicit forfatter og læser, som foregår bag ryggen på den upålidelige fortæller. Siden 1961 har narrative teoretikere været en del engageret i en debat om termen "implicit forfatter", dens mening og brugbarhed som element i udviklingen og forfinelsen af Booths værk, og kritikere har gennemført omfattende debatter om pålideligheden hos individuelle fortællere som fx Nelly Dean, Nick Carraway, Marlow, og guvernanten i *The Turn of The Screw*. Det er imidlertid slående, at der praktisk talt ikke har været nogen debat om brugbarheden af selve distinktionen pålidelig/upålidelig og ingen redegørelse for forskellige typer af upålidelighed.[3] At lære af "Weymouths" lektioner vil indebære en genundersø-

3 For eksempler vedrørende de forskellige holdninger til den "implicitte forfatters" kategori, se Seymour Chatman 1990, som indeholder et kapitel om "Forsvar for den implicitte forfatter" og et andet om "Den implicitte forfatter i arbejde", og Gérard Genette (*Narrative Discourse Revisited*, 1988), som hævder, at kategorien er unødvendig. Shlomith Rimmon-Kenans diskussion af pålidelig-

gelse af såvel upålidelighedens betydning som dens natur, men først skal vi lokalisere det sidste hæfte af Stevens' fortælling i rammerne af hele romanens form og retning.

Stevens fortæller historien om sin rejse sommeren 1956 fra Darlington Hall i det østlige England til Vestlandet, hvor han mødes med sin tidligere medansatte, Miss Kenton, som for nylig har skrevet til ham om en vis bekymring vedrørende hendes ægteskab. Stevens har haft visse problemer med sin nye bemandingsplan for Darlington Hall og læser i Miss Kentons brev et ønske om at vende tilbage til sin gamle post, hvilket ville betyde en løsning af hans bemandingsproblemer. Ishiguro arrangerer Stevens' fortælling i otte adskilte hæfter, som successivt beretter hans rejses begivenheder; hver narrativ akt, med undtagelse af "Prolog" og "Weymouth", fører desuden til erindringer om hans fjernere fortid. Dette arrangement betyder, at Stevens fortæller hvert hæfte fra et nyt sted, både bogstaveligt og følelsesmæssigt, for i disse erindringer gennemfører Stevens nærmest uafvidende en granskning af sit liv. Mere specifikt leder fortælleakten Stevens til at reflektere over afgørende øjeblikke i sit liv og over tre betydningsfulde relationer til andre – hans far, Lord Darlington, og Miss Kenton – og over de to store idealer, som konsekvent har styret hans adfærd: (1) En stor hovmester handler altid med værdighed; og (2) en hovmesters storhed afhænger af hans loyale tjeneste i en fornem husstand. At handle med værdighed betyder altid

---

hed og upålidelighed (*Narrative Fiction: Contemporary Poetics*, 1983) er en god illustration af den omfattende accept af Booths distinktion: En pålidelig fortæller, skriver hun, er en, som tilbyder "en autoritativ redegørelse for den fiktionale sandhed", mens en upålidelig fortæller er en, hvis redegørelse "læseren har grund til at finde suspekt" (100).

at have kontrol over situationen og over ens følelser, aldrig at give efter for sorg, kærlighed, sympati, aldrig bogstaveligt eller metaforisk "smide tøjet, mens andre ser til" (208)[4]. Loyal tjeneste i en fornem husstand betyder at bestræbe sig på at være en del af verdens store affærer gennem tjeneste for ens fornemme arbejdsgiver. Som Stevens bevæger sig, mil efter mil, dag efter dag og hæfte efter hæfte mod sit møde med Miss Kenton, viser han genkommende tegn på, at han er klar over sine idealers utilstrækkelighed.

Det er selve mødet, der får ham til samtidig at se og at beklage, hvor alvorligt forfejlede hans idealer har været, og med hvilken tåbelighed han har ofret sig for dem. Ishiguros vanskelige opgave er – ved hjælp af Stevens' i det store og hele tilbageholdende og ofte upålidelige fortælling – at kommunikere den psykologiske kompleksitet, emotionale fylde og etiske vanskelighed i Stevens' endelige opdagelse. En del af vort formål er at vise, hvor godt det lykkes for ham.[5]

På et tidligt tidspunkt under mødet med Miss Kenton (nu Mrs. Benn) forstår han, at ikke alene ønsker hun ikke at vende tilbage til Darlington Hall, men også, at hun for nylig var "taget hjem igen og [at] Mr. Benn havde været meget glad for, at hun var kommet tilbage" (231). Stevens kommenterer:

---

4 [Tal i parentes henviser til den danske oversættelse: *Resten af dagen*, oversat af Erik Bartholdy, Samlerens Paperbacks, 1990. (Citater herfra vil nogle steder afvige fra Bartholdys oversættelse.)]

5 Terrence Raffertys anmeldelse af romanen i *The New Yorker* leverer en instruktiv kontrast til vor analyse. For Rafferty er Stevens og hans upålidelighed for let at gennemskue og gør romanen for pæn og blodløs. Vi ønsker at argumentere for, at Rafferty's synsvinkel skyldes en undervurdering, ikke alene af teknikkens subtilitet, men også af det, den indeholder af dyb psykologisk indsigt og emotional følsomhed.

Jeg er selvfølgelig klar over, at sådanne forhold ikke kom mig ved, og jeg må understrege, at jeg ikke ville have drømt om at snage i disse områder, hvis jeg ikke, som De måske husker, havde vigtige faglige grunde til at gøre det: det vil sige med hensyn til det nuværende personaleproblem på Darlington Hall. I hvert fald syntes Miss Kenton ikke at have noget som helst imod at betro sig til mig vedrørende disse forhold, og jeg opfattede dette som et behageligt bevis på styrken af det nære arbejdsfællesskab, vi engang havde. (231)

Denne passage er et tilfælde af upålidelig fortællen: Som vi skal se, slutter Ishiguros læser en hel del mere af Stevens' fortælling, end hovmesteren er klar over, at han kommunikerer. Men en klassisk narratologisk tilgang til denne upålidelighed kan ikke adækvat forklare den måde, vi drager slutningen på. Ifølge dén tilgang skulle vi bruge fire trin: (1) ud fra den givne passage eller ud fra den større kontekst afgøre, hvorvidt der sker en upålidelig fortællen; (2) specificere arten af denne upålidelighed – om den vedrører fakta eller værdier, eller begge; (3) forbinde upåligheden med slutninger om fortælleren som karakter; (4) overveje arten af den kommunion, som etableres mellem implicit forfatter, fortæller og autorialt publikum. De vigtigste problemer opstår i trin 2 og 3.

De syv foregående hæfter af Stevens' fortælling har kumulativt peget på, at skønt han faktisk har legitime professionelle grunde til at spørge om Miss Kentons ægteskab, har han endnu mere påtrængende personlige grunde til det. Det autoriale publikum ser virkelig, at Stevens' professionelle formål faktisk er et påskud for hans personlige interesse i at finde ud af, hvad Miss Kenton nu føler for ham. Af lignende grunde kan vi også slutte, at Stevens' behag ved Miss Kentons betroelse ›til ham vedrørende disse forhold‹ er en påmindelse, ikke alene om deres tidligere nære, professionelle forhold, men også om den intimitet, de engang delte, og om, at han håbede, uden at vedstå det for sig selv, at de igen kunne dele den. Alligevel er Stevens' fortællen her en præcis og ærlig beretning om hans motiver, *som han forstår dem*. Eller for at sige det på en anden måde, passagen er pålidelig, *så langt den går*; problemet er, at den ikke går langt nok. Idet vi ser, at Stevens således både er pålidelig og upålidelig her, ser vi også, at forsøg på at placere upålideligheden alene på fakta-aksen eller på værdiaksen måske ikke tager højde for kompleksiteten af denne passage.

Med baggrund i hvad vi véd om Stevens, og i hvad han fortæller os, kan vi slutte, at han enten alvorligt underrapporterer eller underfortolker sine motiver her. Med "underrapporterer" mener vi, at Stevens ikke indrømmer over for den, han fortæller til, hvad både han selv og det autoriale publikum ved om hans personlige interesse. Hvis han underrapporterer, eksisterer upåligheden hen ad den etiske akse: Stevens snyder bevidst. Med "underfortolker" mener vi, at han ikke bevidst véd – eller at han i det mindste er ude af stand til at indrømme for sig selv – hvad vi slutter om hans personlige interesse. Hvis han underfortolker, eksisterer upåligheden hverken hen ad den etiske akse eller begivenhedsaksen, men hen ad en anden akse, som tidligere arbejder om upålidelighed ikke har været tilstrækkeligt opmærksomme på: videns- og perceptionsaksen.[6]

---

6 For en vigtig undtagelse se Riggan 1981. I naiv fortællen, som vi finder den i *Adventures of Huckleberry Finn*, er upålidelighed i denne akse typisk. For en diskussion af Twains roman, der gør opmærksom på den upålidelighed, som skyldes Hucks mangel på "kulturel læsefærdighed" [*cultural literacy*], se Elizabeth Preston (1997).

En måde at afgøre, hvorvidt Stevens underfortolker eller underrapporterer, er at følge standardprocedurens trin 3 og undersøge forbindelsen mellem fortæller og karakter. Denne metode leverer i første omgang et klart resultat: Stevens underfortolker. Hans strenge overholdelse af en værdighedskodeks, der for ham har ført til, at han benægter sine følelser, har forhindret ham i at opnå en bevidst erkendelse af disse følelser. Det er således ganske i overensstemmelse med hans karakter at begrunde spørgsmålene til Miss Kenton professionelt og ikke personligt. Men fortsætter vi undersøgelsen af forholdet mellem fortællerens og karakterens roller, bliver situationen mindre klar. Kort efter denne passage indrømmer Stevens, at Miss Kentons beretning om, at hun er tilfreds med sit liv, får hans hjerte til at briste. Der er meget mere at sige om dette øjeblik, men foreløbig vil vi bare notere, hvordan det komplicerer det autoriale publikums beslutninger vedrørende Stevens' pålidelighed. Fordi Stevens som fortællende jeg taler i præsens – det vil sige i fortælletid, efter den anagnorisis, der sker med Stevens som oplevende jeg – ville standardproceduren nu lede os til at konkludere, at han ikke underfortolker, men underrapporterer. Skønt han siger "Jeg er klar over", udelader hans fortælling helt klart meget af det, der er passeret gennem hans bevidsthed.[7]

---

7 Denne information etablerer passagen, uafhængigt af hvordan vi vil afgøre upålidelighedsspørgsmålet, som et tilfælde af, hvad Genette kalder paralipsis: fortælleren fortæller os ikke alt, han véd. Vort spørgsmål drejer sig om, hvordan man kan læse paralipsen, hvad slags effekt den har på vor forståelse af fortællingen. For lignende diskussioner om paralipsis og dens effekt se Phelans diskussion (1996) af Hemingways "My Old Man" og *A Farewell to Arms*. For mere om disse passager i Ishiguros roman, se Wall.

Konfronteret med disse modstridende konklusioner kan vor analyse følge én af flere retninger. Hvis vi vælger at følge standardproceduren, har vi to muligheder: enten (1) at gøre rede for konflikten som et positivt bidrag til Ishiguros narrative projekt, hvilket ville kræve, at vi forklarede, hvordan projektet drager nytte af vor læsning af passagen som både underfortolkning og underrapportering. Eller (2) at konkludere, at Ishiguro har forkludret narrationen her, idet den i bedste fald leverer et usammenhængende billede af Stevens og i værste fald snyder ved at få det til at se ud, som om Stevens underfortolker, mens han faktisk underrapporterer. Alternativt kunne vi sætte en parentes om standardproceduren og forsøge at forklare – måske endda løse – konflikten ved at vende tilbage til detaljerne i den måde, Ishiguros teknik arbejder på. Hvis vi når frem til en tilfredsstillende redegørelse, bliver vi nødt til at konkludere, at standardproceduren har en væsentlig begrænsning, som hænger sammen med, at den er ude af stand til at tage højde for en vigtig pointe med homodiegesis: Homodiegetisk narration kræver ikke, selv ikke i sin realistiske modus – vi kunne faktisk gå så langt som til at sige kan ikke kræve – en fuldstændig kohærens mellem karakter-fortællerens dobbelte roller.

Lad os overveje de valg, Ishiguro står over for i sin behandling af Stevens' fortællen i "Weymouth", idet han bygger op til historiens klimaks. Som i alle de andre hæfter fortæller Stevens begivenhederne under mødet med Miss Kenton kort efter, at de finder sted; i dette tilfælde "to dage efter mit møde med Miss Kenton" (229). Ishiguro kan således enten lade Stevens' fortællen på hver side være præget af den bevidsthed, han sent i scenen opnår som karakter, eller han kan lade fortælleren Stevens beholde sin generelle mangel på bevidsthed, indtil karakteren Stevens oplever sit smertefulde éclaircissement[8]. Valget står på en måde mellem at ødelægge klimakset ved at følge en forskrift om fuld kohærens mellem fortællerens og karakterens roller, eller at give afkald på ideen om fuld kohærens, så fortællingen kan bygges op mod klimaks. Forstået på denne måde er valget ikke svært.

Men hvorfor skulle valget ikke ses som snyd i det øjeblik, hypotesen om underrapportering melder sig som mulighed? Fordi den hypotese, at Stevens underrapporterer, ikke alene gør fortællingen bedre – den passer til, hvad Ishiguro har brug for – men den svarer også til vor oplevelse af den narrative progression. Når vi læser passagen véd vi ikke, at Stevens er på vej til et gennembrud; følgelig antager vi, at fortælleren Stevens ligesom karakteren Stevens opererer med den viden, der var opnået ved slutningen af det foregående hæfte. Det er en antagelse, der gør passagen fuldstændig forståelig og samtidig endnu mere kraftfuld: Påmindelsen om karakteren Stevens' manglende evne til helt at artikulere sine motiver fremhæver omfanget af hans senere selverkendelse. Og fordi vi oplever hans fortællen som underfortolkning, er afskeden retorisk effektiv. Den mere generelle konklusion er derfor, at homodiegesis tillader mangel på fuldstændig kohærens mellem karakterens og fortællerens roller, når denne mangel tjener fortællingens større formål, og når den først bemærkes efter, at inkohærensen har været i arbejde.

3. SEKS TYPER UPÅLIDELIGHED

Vi vil gerne gå lidt nærmere ind på disse to lektioner om upålidelighed i "Weymouth", i særdeleshed lektionen om upålidelighedens akser, og udvikle nogle mere generelle konklusioner om de mange måder, som homodiegetiske fortællere

---

8 [*opklaring, pludseligt klarsyn*]

kan være upålidelige på. Med tiden er Booths term blevet så generelt accepteret, at kritikere nu bruger den uden at angive dens kilde; mens denne udvikling er et tegn på den indflydelse, som Booths diskussion har haft, har den også ført til en større mangel på præcision. Nogle kritikere indskrænker deres brug af "upålidelig" til fortællere, hvis rapportering om begivenheder er uvederhæftige, mens andre bruger det om al slags upålidelighed. Også andre termer, som "dorsk", "naiv" og "svigefuld", er blevet introduceret.[9] Ligesom Booths er vor taksonomi en retorisk, fokuseret på relationerne mellem implicit forfatter, fortæller, og autorialt publikum – og på fortællerens virksomhed som beretter og det autoriale publikum som genfortolker af det, der fortælles. På baggrund af disse fremhævelser foreslår vi at udvide Booths oprindelige definition fra kun at omfatte begivenheds- og værdiakserne: En homodiegetisk fortæller er "upålidelig", når han eller hun giver en fremstilling af en eller anden begivenhed, person, tanke, ting eller andet objekt i den narrative verden, der afviger fra den fremstilling, som den implicitte forfatter ville give. (Mere rigorøst, skønt, ak, også mere indviklet kunne vi sige: "afviger fra den fremstilling, som det autoriale publikum slutter sig til, at den implicitte forfatter ville give, med undtagelse af det punkt, at den implicitte forfatter ved, at fortælleren er en fiktional konstruktion".) Vi ønsker at udvide definitionen af to grunde: (1) uagtet spørgsmålet om akse, kræver alle afvigelser, at det autoriale publikum slutter sig til en forståelse af fortællingen, der er forskellig fra den, som fortælleren tilbyder; (2) som vi skal argumentere for, er der en

9 Kommenterende Stevens skriver Schwarz fx: "Stevens er mere dorsk end upålidelig som fortæller; han er snarere historisk døv over for implikationerne end usandfærdig" (1997, 179).

stærk familielighed mellem afvigelser, og én slags afvigelse vil faktisk ofte ledsages af dens slægtning. Vi foretrækker derfor at betegne alle afvigelser med den enkle term "upålidelig" og så differentiere mellem typer af upålidelighed frem for at mangfoldiggøre termer for fortællere af forskellig type.

Som Booths oprindelige redegørelse og vor analyse af passagen fra "Weymouth" indicerer, kan fortællere afvige fra den implicitte forfatters synspunkter i deres roller som *rapportører*, ved deres *vurderinger*, og som *læsere* eller *fortolkere*. Og, som vi har set, hjælper metaforen om upålidelighedens akser til at skelne mellem disse typer: Upålidelig rapportering sker hen ad aksen for kendsgerninger/begivenheder; upålidelig vurdering sker hen ad den etiske eller værdiaksen; og upålidelig fortolkning sker henad videns- og perceptionsaksen. Det autoriale publikums virksomhed tillader os endvidere at skelne mellem typer af upålidelighed. Læsere udfører to kvalitativt forskellige handlinger, når de først er blevet klar over, at en fortællers ord ikke kan tages for pålydende: (1) De forkaster ordene og rekonstruerer om muligt en mere tilfredsstillende fremstilling; eller (2) de gør, hvad vi har gjort med passagen fra "Weymouth" – accepterer, hvad fortælleren siger, men supplerer så fremstillingen. (Skønt det er muligt at udskille en tredje option her, nemlig at "trække fra i" fortællerens fremstilling, som når vi fx har en fortæller med hang til overdrivelser, finder vi, at "subtraktion" og "seen bort fra" ligner "forkastelse og rekonstruktion" så meget, at vi ikke laver en særlig upålidelighedskategori for at beskrive det. Når vi tilføjer noget til en fortællers fremstilling, har vi en stabil base for at gøre tilføjelsen; når vi trækker noget fra, har vi ikke den samme stabilitet. Idet vi trimmer fortællerens overdrevne fremstilling, er vi nødt til at beslutte os for, hvad der skal fjernes, og hvad der skal beholdes.)

Idet vi således kombinerer fortælleres og læseres aktiviteter, identificerer vi seks slags upålidelighed: fejlrapportering, fejlfortolkning, fejlvurdering (eller hvad vi skal kalde fejlbetragtning), underrapportering, underfortolkning og underbetragtning. Fejlrapportering medfører upålidelighed på i det mindste kendsgernings-/begivenhedsaksen. Vi siger "i det mindste" her, for fejlrapportering er typisk en effekt af fortællerens vidensmangel eller misforståede værdier; den optræder næsten altid sammen med fejlfortolkning eller fejlvurdering. Når Stevens siger, at han stod uden for Miss Kentons dør og hørte hende græde, da hun var blevet underrettet om hendes tantes død, fejlrapporterer han. Når han senere korrigerer rapporten for at sige, at han var i den position den nat, hun blev forlovet, forstår vi, at hans fejlrapportering var en konsekvens af det forfejlede værdisystem, der benægter vigtigheden af hans egne følelser og derfor i første omgang fører til en erindring, der placerer alle scenens smertelige følelser hos Miss Kenton. Fejlfortolkning og fejlbetragtning kan optræde alene eller i kombination med andre typer upålidelighed. Fejlfortolkning medfører upålidelighed i det mindste på videns- og perceptionsaksen. Når Stevens siger, at "enhver objektiv iagttager" ville finde det engelske landskab "det mest tilfredsstillende i verden" (32), demonstrerer han en fejlperception, som er analog med hans udsagn om, at "enhver objektiv iagttager" ville finde det engelske køkken det mest tilfredsstillende i verden. Eftersom hans landskabsbeskrivelser imidlertid både er præcise og ærlige, kunne man argumentere for, at enten eksisterer fejlfortolkningen alene, eller – som vi vil gøre – at også fejlfortolkningen er et tegn på et forfejlet værdisystem, der sætter upåfaldenhed som en af de største værdier. Fejlbetragtning medfører upålidelighed i det mindste på den etiske akse, evalueringsaksen. Når Stevens rationaliserer sin løgn om at have arbejdet for Lord Darlington, fejlbetragter han: Hans erklæring om, at "Lord Darlington var en gentleman af høj moralsk karat", er ikke alene usand, hans benægtelser antyder også, at han på et eller andet bevidsthedsniveau ved, den er usand.

Ligeledes optræder underrapportering, underfortolkning og underbetragtning i det mindste på henholdsvis begivenheds-/kendsgerningsaksen, forståelses-/perceptionsaksen og etik-/evalueringsaksen. Underrapportering, som Genette kalder paralipsis, optræder, når fortælleren fortæller os mindre, end han/hun ved. Når Stevens rapporterer, at han har nægtet at arbejde for Lord Darlington, men venter med at fortælle os om Lord Darlingtons vanære, da underrapporterer han. Ikke enhver underrapportering konstituerer imidlertid en upålidelighed. Flere steder i fortællingen, indbefattet senere i "Weymouth", forstår vi af andre karakterers dialog, men aldrig af Stevens' rapportering, at han græder offentligt. Ved disse lejligheder underrapporterer Stevens sine følelser, og hans underrapportering er et sigende tegn på hans tilbageholdende karakter, men den behøver ikke være et tilfælde af upålidelighed – det vil være afhængigt af, hvorvidt vi beslutter, at han forventer, at den, han fortæller historien til, vil drage den slutning af scenen, at han har grædt.[10] Som vi har set i passagen fra "Weymouth", optræder underfortolkning, når

10 Der kan også argumenteres for, at alle fortællere rapporterer mindre, end de ved, eftersom fortællen nødvendigvis forudsætter en selektion i vældet af de begivenheder, tanker, følelser og oplevelser, der udgør råmaterialet for, "hvad der skete" dem, der tæller mest i fortællerens fremstilling. Men vi adskiller dette generelle vilkår for fortælling fra det at underrapportere det, som er af størst betydning.

fortællerens mangel på viden, opfattelsesevne eller subtilitet resulterer i en utilstrækkelig fortolkning af en begivenhed, karakter eller situation. Underbetragtning optræder, når en fortællers etiske dømmekraft er på ret vej, men simpelthen ikke går langt nok. Et muligt tilfælde af underbetragtning, som vi skal vende tilbage til, indtræder, når Stevens helt til sidst i "Weymouth" overvejer den idé, at "skæmteri er nøglen til menneskelig varme" (243).

Med den nu skitserede taksonomi i baghånden ønsker vi at fremhæve nogle vigtige punkter om dens mulige brug og misbrug. Som vore illustrationer fra *Resten af dagen* indicerer, kan en given fortæller være upålidelig på mange måder og på forskellige punkter i sin fortælling. Som vi også har set, kan en fortæller desuden være upålidelig på mere end én måde på et hvilket som helst punkt i sin fortælling, og i virkeligheden vil fejlrapportering næsten altid være ledsaget af andre typer upålidelighed. Endvidere, selv hvor upåligheden til at begynde med synes at være af kun én slags (lokaliseret på kun én akse), vil den – så snart det autoriale publikum drager slutninger om forholdet mellem fortællerens upålidelighed og hans eller hendes karakter – med stor sandsynlighed vise sig at være mangefacetteret. Endelig vil grænsen mellem typerne, i særdeleshed den mellem to typer, der identificeres ved den samme rod (fx fejlrapportering og underrapportering), i mange tilfælde snarere være blød og udflydende end hård og fast. Af disse grunde må denne taksonomi ikke ses som et nyt redskabssæt for en aldrende Prokrustes, men snarere som et heuristisk hjælpemiddel med det formål at skærpe vore perceptioner af individuelle typer upålidelige fortælleakter. Samtidig tillader erkendelsen af disse forskellige slags upålidelighed os at gå ud over den almindelige antagelse, at pålidelighed og upålidelighed er et binært modsætningspar, og at hele fortællingen vil være suspekt, så snart der opdages en upålidelighed. I stedet vil vi acceptere, at fortællere eksisterer i et bredt spektrum fra pålidelighed til upålidelighed, hvor nogle er fuldstændigt pålidelige på alle akser, nogle fuldstændigt upålidelig på alle, og nogle pålidelige på en eller to akser og upålidelige på andre.

4. FORTÆLLEN, HANDLEN OG LÆSNINGENS ETIK

Efterhånden som Ishiguro bygger op til Stevens' erkendelsesklimaks i "Weymouth", bliver den slutning, han beder læseren foretage, mere kompliceret, og fortællingens lektioner udvides til etikkens område. Ishiguro vejleder vore slutninger, ikke alene gennem Stevens' underrapportering, men også gennem den omfattende dialog. Fordi slutningsprocessen er så kompleks, skal vi se tilbage på de væsentligste trin, der leder til Stevens' erkendelsesøjeblik. Mens de venter på bussen, som vil bringe Miss Kenton tilbage til hendes ægtemand, beder Stevens eksplicit om lov til at spørge om "noget ret personligt", nemlig om hun "på nogen måde bliver dårligt behandlet" (235). Stevens beder hende tilgive, at han spørger, men siger, det er noget, han har været optaget af i længere tid, og at han ville "føle [sig] lidt dum, hvis [han] var rejst hele den lange vej og ikke engang havde spurgt Dem" (235). Efter at Miss Kenton forsikrer ham, at hendes "mand slet ikke på nogen måde mishandler mig", bemærker Stevens, at så "er det lidt af en gåde, at De er så ulykkelig" (235). Miss Kenton overvejer hans spørgsmål og siger, at hun forstår det som et spørgsmål af en mere personlig karakter, "om jeg elsker min mand eller ej". Hun forklarer, at skønt hun oprindelig kun giftede sig "som endnu et fif for at drille Dem", var hun kommet til at elske sin mand. Hun tilføjer imidlertid denne refleksion:

"Men det betyder ikke, selvfølgelig, at der ikke nu og da er øjeblikke – yderst ensomme øjeblikke – hvor man tænker ved sig selv: ›Hvilken frygtelig fejltagelse mit liv er blevet.‹ Og man kommer til at tænke på et andet liv, et bedre liv, man kunne have haft. For eksempel kommer jeg til at tænke på et liv, jeg kunne have haft sammen med Dem, Mr. Stevens. Og så er det jo nok, at jeg bliver vred over ubetydeligheder og rejser. Men hver gang jeg gør det, varer det ikke længe, før jeg bliver klar over at – min retmæssige plads er ved min mands side. Når alt kommer til alt, lader det sig ikke gøre at stille uret tilbage nu. Man kan ikke evindeligt blive hængende i, hvad der kunne have været. Man bør gør sig klart, at man har det så godt som de fleste, måske bedre, og være taknemlig." (236f.)

Stevens' respons rummer fortællingens klimaks:

Jeg tror ikke, jeg reagerede med det samme, for det tog mig et øjeblik eller to helt at fordøje disse ord fra Miss Kenton. Desuden, som De nok forstår, var ordenes implikationer af en sådan art, at de fremkaldte en vis grad af sorg inden i mig. Faktisk – hvorfor skulle jeg ikke indrømme det? – i det øjeblik brast mit hjerte. Inden længe vendte jeg mig dog mod hende og sagde med et smil:

"Hvor har De ret, Mrs. Benn. Som De siger, er det for sent at stille uret tilbage. Jeg ville virkelig ikke kunne finde hvile, hvis jeg troede, at sådanne tanker var årsagen til, at De og Deres mand var ulykkelige. Vi må hver især, som De siger, være taknemlige for det, vi har." (237)

Øjeblikke senere skilles Stevens og Miss Kenton, og idet hun går, bemærker Stevens, "at hendes øjne var fulde af tårer" (237).

Idet vi trækker på vore tidligere slutninger vedrørende både Stevens og Miss Kenton, kan vi se, at meget foregår under denne scenes overflade: Miss Kentons beslutning om at tale mere direkte og åbent afslører kun det tyndeste lag af de dybe undertekster, der opererer her. Ligesom Stevens' fortællen er præget af underrapportering og underfortolkning, er hans dialog med Miss Kenton præget af en eller anden kombination af, hvad vi kunne kalde undertilståelse (karakter-til-karakter-ækvivalenten til underrapportering – de siger mindre, end de mener, og afslører mindre for hinanden) og indirekthed (de siger mindre, end de mener, men udtrykker alligevel deres mening). At læse dialogen kræver den samme slags slutningsarbejde, som læsningen af Stevens' fortællen gør.

Ishiguro vil have os til at se, at Stevens' spørgsmål til Miss Kenton om at være dårligt behandlet er det første personlige spørgsmål, han nogensinde har stillet. Men vi slutter også, at det er en bleg genspejling af det spørgsmål, han virkelig ønsker at stille, skønt han ikke selv er helt klar over, hvad det spørgsmål er. Det øjebliks pause, hvor Miss Kenton overvejer Stevens' spørgsmål, viser, at hun ser begge disse kendsgerninger, selv om netop denne overvejelse, skønt den indleder en større åbenhed, også standser, før den når det virkelige spørgsmål. Miss Kentons tilføjede bemærkninger om det liv, hun kunne have haft med Stevens, leverer så hendes svar. Spørgsmålet er selvfølgelig, "Elsker du mig stadig?", og Miss Kentons svar er: "Jeg plejede at elske dig, og jeg elskede dig virkelig mere, end jeg nu elsker min mand, men mine følelser har ændret sig, og det er nu for sent for os at tænke på en fremtid sammen". Stevens' hjerte brister netop, fordi han i det "øjeblik eller to [det tog] at fordøje disse ord fra Miss Kenton" registrerer deres undertekst. Ikke alene elsker han stadig Miss Kenton, men hans rejse og hans erindringer har gjort hans følelser mere akutte og samtidig ført til, at han værdsætter dem mere. Idet vi læser scenen, føler vi, at vore hjerter er ved at briste af sympati.

Scenen henter en del af sin styrke fra Ishiguros orkestrerering af Stevens' fortællen som en bevægelse fra underrapportering tilbage til pålidelig rapportering. Ishiguro bruger den ekstreme formalitet og selvdistancerende retorik i sætningen "[Miss Kentons ords] implikationer [var] af en sådan art at de fremkaldte en vis grad af sorg inden i mig" til at fremhæve dens underrapporterende karakter. Følgelig fremstår Stevens' skiften til åben, ligefrem indrømmelse, "Faktisk – hvorfor skulle jeg ikke indrømme det? – i det øjeblik brast mit hjerte", som hans mest direkte, ærlige udsagn i fortællingen. Men selv her kræver Ishiguro af os, at vi slutter til en hel del hinsides det, som udsagnet direkte hævder: Stevens' indrømmelse er samtidig (1) en indrømmelse af, at han elsker Miss Kenton – og virkelig har elsket hende i mange år, (2) en vedkendelse af, at hun havde fortalt ham, hvad han havde håbet var sandt, og hvad hans rejse havde som mål at finde ud af, nemlig at hun også havde elsket ham; og (3) et udtryk for, at han tror, han har tabt sin chance for at få hende til at gengælde denne kærlighed. Det øjeblik, da han fuldt ud indrømmer for sig selv, at han elsker hende, er således også det øjeblik, da han indser, at det er for sent. Hos det autoriale publikum har vor viden om Stevens' karakter og situation gennem hele fortællingen været større end hans egen. Men under rejsen har Stevens imidlertid gradvist, omend inkonsistent, bevæget sig mod det, vi ved. I denne sætning viser Ishiguro ikke alene, at Stevens nu kender sit hjerte lige så godt, som vi gør, men også, at Stevens forstår sin situation bedre, end det er sandsynligt, at vi gør i det "øjeblik eller to", det tager ham "helt at fordøje" Miss Kentons tale.

I sin tale til Miss Kenton tilkendegiver Stevens imidlertid intet af det, han forstår, men svarer med en venlig, omend konventionel vending, der lukker emnet: "Hvor har De ret..., det [er] for sent at stille uret tilbage... De må endelig ikke lade flere tåbelige tanker komme mellem Dem og den lykke, De fortjener." Denne diskrepans mellem Stevens' fortællen og hans tale (hans fortællen som fortæller og hans handlen som karakter) uddyber scenens emotionale skarphed: Hans hjerte brister, men han lader ikke hende få det at vide. Samtidig forøger diskrepansen kompleksiteten af de etiske fordringer, som scenen pålægger sine læsere. Inden vi tager disse fordringer op i detaljer, vil vi gerne skitsere og situere vor måde at diskutere læsningens etik på.

Vor tilgangsvinkel har mest tilfælles med Wayne C. Booths og Adam Zachary Newtons arbejde.[11] Begge ønsker, ligesom

---

11 Booth og Newton er selv del af en bredere etisk vending i litterære studier i det sidste tiår, et fænomen, som bør ses i relation til andre, større udviklinger i institutionen. Den etiske vending er en del af den generelle reaktion mod formalismen i Yaleskolens dekonstruktion i kølvandet på afsløringerne af Paul de Mans krigstidsskrifter; den er også kompatibel med, men forskellig fra, den feministiske kritiks og teoris fortsatte styrke og den øgende betydning af afro-amerikansk, multikulturel og queer kritik og teori, som alle tager udgangspunkt i typer af etisk-politisk engagement. Den etiske vending i narrative studier er også del af en voksende opmærksomhed på brugen af fortællinger på tværs af disciplinerne og i "hverdagslivet".

Fra dette perspektiv kan vi se J. Hillis Millers arbejde om etik som et forsøg på at tage fat i forbindelsen mellem Yale-dekonstruktionens formalistiske interesser og vendingen mod etik. At etikken for Miller bliver en anden måde at arbejde dekonstruktivt på, er et vidnesbyrd om både styrke og begrænsninger i dekonstruktionens opfattelse af sprog som uafgørligt [*undecidable*]. Vi kan også vi, at rodfæste etikken i fortællingen selv. Booth lægger virkelig vægt på, at etik er til stede over alt i kritiske responser på litteratur, og Newton siger, at han ønsker at opfatte "fortælling *som* etik". Begge bevæger sig, hver på deres måde, fra fortællingen til teoretiske behandlinger af fortællingen og så tilbage til fortællingen. I Booths tilfælde kan disse teoretiske behandlinger findes i hans tidligere værk om litteraturens retorik. Hans titel *The Company We Keep* (1988) og hans hovedmetafor i den bog, bøger som venner, vokser ud af hans tidligere udforskning af den måde, som skrivning og læsning muliggør et intellektuelt møde mellem forfatter og læser på. *The Company We Keep* går ud over Booths tidligere hovedvægtning af kognitive, æstetiske og emotive aspekter af dette møde og til en kontemplation af, hvordan vore værdier aktiveres, mens vi læser, og i særdeleshed ønskets etiske dimension, efterhånden som teksten inviterer os til at ønske, og hvad de etiske konsekvenser af dette engagement med sandsynlighed kan være. *The Company We Keep* lægger også større vægt på etiske responsers sociale natur, idet den antyder, at den aktivitet at diskutere en teksts etik, hvilket Booth kalder ko-ducering[12], er (etisk) vigtigere end at forstå teksten "rigtigt".

Newton undersøger de "etiske konsekvenser af at fortælle historie og fiktionalisere person og de gensidige fordringer, der binder fortæller, lytter, vidne og læser sammen i den pro-

---

se Martha Nussbaums filosofiske undersøgelse af fortællingens evne til at tilbyde tætte beskrivelser af moralske problemer og moraltænkning som et indholdsrigt tilfælde af interdisciplinær interesse for fortællingen. For andet vigtigt arbejde se Geoffrey Harpham og det sidste nummer af *PMLA*, som er viet til etisk kritik.

12 [*co-ducing*]

ces" (1995, 11), en undersøgelse, der fører ham til tre slags etisk struktur i fortællinger: den fortællende, den repræsenterende og den hermeneutiske. Fortællende etikker associeres med fortællen; de optræder langs den narrative transmissions linje fra forfatter til fortæller til lytter til læser. Repræsenterende etik associeres med det at "fiktionalisere person" eller skabe en karakter. Hermeneutisk etik associeres med læsning og fortolkning – forpligtelser, som læsere og kritikere har over for teksten. Idet Newton gennemfører sine analyser, syntetiserer han arbejde af Mikhail Bakhtin, Stanley Cavell og Emmanuel Lévinas og låner i særdeleshed Bakhtins begreb om *vzhivanie* eller "indlevelse" (empati med den anden uden tab af selv), Cavells begreb om *anerkenden*[13] (at være i en position, som gør det nødvendigt at respondere), og Lévinas' om *sigen* (udføre en fortællen) og *ansigt-til-ansigt*[14] (at se eller se bort).

Skønt vi deler meget med Booth og Newton, ønsker vi ikke at adoptere Booths overgribende metafor om bøger som venner, for den synes for begrænsende, eller Newtons idé om, at fortælling er ækvivalent med etik, for den synes ikke at acceptere alle de andre ting, som fortælling også kan være. Ligesom hos Booth og Newton er vort fokus på læsningens etik, på hvordan selve læsehandlingen indebærer etisk engagement og respons, men vi fokuserer mere end nogen af dem

---

13 [*acknowledging*]

14 [*facing*. Ordet refererer til Lévinas' tematisering af ansigtet (*le visage*) og det at møde den anden ansigt til ansigt: ansigtet er "ukrænkeligt", "menneskekroppens mest nøgne del", det yder "en absolut modstand mod besiddelse", "fristelsen til mord er indskrevet" i det; den, der "står ansigt til ansigt med mig, siger nej til mig alene ved selve sit udtryk". Citeret i Newton (1995, 175).]

på forbindelserne mellem teknik (signaler, der findes i teksten) og læserens kognitive forståelse, emotionale respons og etiske positionering.[15] Faktisk er den centrale konstruktion i vor tilgang til læsningens etik begrebet *position*, som kombinerer *handle ud fra* og *bliven placeret i* en etisk lokalitet. På et hvilket som helst punkt i en fortælling er vor etiske position et resultat af den dynamiske interaktion af fire etiske situationer: (1) karakterernes situation i historiens verden; (2) fortællerens situation i relation til sin fortællen: Fx repræsenterer forskellige typer upålidelighed forskellige typer etiske positioner; (3) den implicitte forfatters situation i relation til det autoriale publikum; og (4) kød-og-blod-læserens relation til det sæt af værdier, trosforestillinger og lokaliteter, som fortællingen inviterer en til at indtage. Når læsningens etiske dimension engagerer vore værdier og domme, er den dybt sammenflettet med kognition, emotion og begær: Vor forståelse påvirker vor fornemmelse for, hvilke værdier teksten kalder på, aktiveringen af disse værdier påvirker vore domme, vore domme påvirker vore følelser og vore følelser vort begær. Og omvendt.

Således vil det at komme til rette med de etiske dimensioner i den diskrepans, der består mellem Stevens' fortællen og hans handlen i respons på Miss Kenton i vort perspektiv

---

15 I denne sammenhæng er forskellen mellem dette essay og Newtons analyse af *Resten af dagen* instruktiv. Han fokuserer på et antal etiske emner, som enten er udført i narrationen eller dramatiseret i handlingen – "at se bort", "at forlade hjemmet", "at stemme" og andre – men hans analyse er meget tekst-centreret og ikke læsercentreret. Booths interesse for, hvordan fortællinger beder læsere om at følge et begærsmønster, er mere på linje med det, vi gør her, men igen tilbyder vi en mere systematisk opmærksomhed på, hvordan læseren positioneres etisk af teksten og af sine egne værdier.

indebære, at vi konfronterer følgende indbyrdes sammenhængende spørgsmål: Skulle Stevens have talt anderledes til Miss Kenton, skulle han have fortalt hende, at hans hjerte brast, mens hun talte? Hvordan fører Ishiguro os til et svar på det spørgsmål, så vel ved scenens signaler og gennem det etiske ræsonnements mønstre, som han tidligere har etableret i fortællingen? Hvad er konsekvensen af, at vi atter er i en vidensposition, hvor vi ved mere om karaktererne og deres situation, end de selv ved? Hvordan forholder denne position sig til vore følelser vedrørende Stevens og vore ønsker for ham? De første tre spørgsmål viser, hvor dybt sammenflettet karakterens, fortællerens og den implicitte forfatters etiske positioner er: At besvare ét implicerer et svar på de andre. Men ingen af spørgsmålene har et klart svar. På den ene side synes Stevens' tale til Miss Kenton at være endnu et nederlag, et instinktivt valg mere til fordel for værdighed og til fortrængning af ærlig følelse. Tidligere i fortællingen har Ishiguro vist Miss Kenton, idet hun både med udmattelse og med rette stiller Stevens spørgsmålet: "Hvorfor, Mr. Stevens, hvorfor, hvorfor, hvorfor skal De altid *forstille* Dem?" (153; hendes udhævelse). Følgelig synes hans fortsatte forstillelse – i denne situation, hvor hans følelser er så stærke, og hvor han synes at have indset nogle af omkostningerne ved sin sædvanlige forstillelse – at være et klart signal fra Ishiguro om, at Stevens' selvforståelse stadig er begrænset.

På den anden side, i betragtning af det særlige indhold i Miss Kentons tilståelse – "Jeg elskede Dem engang, men jeg er nu tilfreds med min mand" – kan Stevens' beslutning om ikke at tale om sine følelser forstås som en uselvisk handling. Denne position bliver klarere, hvis vi forestiller os den sandsynlige konsekvens af at fortælle Miss Kenton, hvordan han føler. At sige til hende, at hans hjerte brister, er ikke kun at fortælle hende, at han elsker hende, men også en implicit bøn om hjælp. Og denne bøn om hjælp ville faktisk være et misbrug af hans nyvundne selverkendelse, en handling, hvor han tog sin nye bevidsthed om konsekvenserne af egne forsømmelser og brugte den til at bede netop den person om hjælp, som disse forsømmelser engang havde såret mest. For ham er "Weymouths" lektion, at han har tabt enhver ret til at komme med en sådan bøn. Både Miss Kenton og Stevens har ret: Det er for sent at stille uret tilbage.

Måske kan vi løse konflikten mellem disse synspunkter på Stevens' handling og Ishiguros signaler om den ved at udvide vort syn på scenen, så det inkluderer Miss Kenton og motiverne for hendes tale. Igen må vi være opmærksomme på, hvordan talen indebærer både åbenhed og indirekthed. Hvis hun, som vi har argumenteret for, er klar over, at hendes tale indirekte besvarer Stevens' spørgsmål, om hun stadig elsker ham, da bruger hun måske talen til også indirekte at appellere til ham: "Jeg er villig til åbent at indrømme, at jeg faktisk elskede Dem og stadig tænker på, hvad-der-kunne-have-været; er De villig til at gengælde det og, for en gangs skyld, tale om Deres følelser – ikke fordi jeg ønsker at forlade min mand, men fordi jeg ønsker at høre Dem tale om fortiden?" Dette syn på Miss Kenton ville da støtte den læsning, at diskrepansen mellem Stevens' fortællen og hans handlen er endnu et forkert valg til fordel for værdighed og til ulempe for ærligt udtryk for følelse.

Men andre af scenens elementer peger på en anden læsning af talen. Ishiguro sender os mange signaler om, at Miss Kenton tager kontrol over deres møde: Hun kommer for at finde Stevens på hans hotel i stedet for som aftalt at vente på ham hjemme hos sig selv; hun stiller de fleste spørgsmål under deres møde og gør på andre måder mere for at styre deres konversations retning; som vi har set, tager hun skridt til at oversætte Stevens' spørgsmål om at blive dårligt behandlet til et, om hun elsker sin mand, og hun svarer fast og utvetydigt, at det gør hun. Talen om, hvad-der-kunne-have-været, er da ikke en indirekte bøn om, at Stevens vedkender sig sine følelser, men et yderligere skridt i retning af Miss Kentons tagen kontrol. Dens budskab er "lad mig være helt klar angående forskellen mellem fortid og nutid: Jeg elskede Dem faktisk, det må selv De have forstået; jeg har desuden, som De vil have forstået af mine breve gennem årene, til tider ønsket, at vi havde et liv sammen; men misforstå mig ikke; jeg er forbi alt det og ønsker at fortsætte det liv, jeg har." Det sidste, Miss Kenton ønsker at høre fra Stevens, er sådan set, at hans hjerte er ved at briste.

Vi finder kort sagt, at fordi vi ikke klart kan bestemme Ishiguros forhold til Stevens, kan vi ikke løse tvetydigheden i Stevens' etiske position på dette punkt i fortællingen. Og vor manglende evne til at foretage denne bestemmelse er en direkte konsekvens af homodiegesen. Mens Ishiguros fremstilling af Stevens' karakter og hans fortællen har ført os til den komplicerede serie af lagdelte slutninger, vi har afdækket her, forhindrer denne fremstilling os samtidig i at nå fra scenens drama og fortællingen om det til Ishiguros egen position vedrørende diskrepansen mellem Stevens' handling og hans fortællen. Den mest logiske måde for Ishiguro at opløse scenens tvetydighed – at have Stevens til at afsløre motiverne for sin respons til Miss Kenton – er ikke en reel mulighed. For det første er det ikke sandsynligt, at Stevens, givet Ishiguros karakteristik af ham, ville afsløre sine følelser, selv hvis han kendte dem. For det andet ville en sådan afsløring, selv en upålidelig en, medføre en uønskelig reduktion af scenens emotionale intensitet, som jo er stærkt betinget af, hvad der ikke bliver sagt.

At finde sådan tvetydighed i homodiegetisk fortællen er selvfølgelig ikke et overraskende fænomen; det er endda ikke uhørt at finde den i tilknytning til en fortællings klimaks. (Hvem sagde *The Turn of the Screw*?) Men at finde den i tilknytning til en kunstfærdigt konstrueret fortællings klimaks, hvor historiens forløb implicerer, at læseren gennemfører klare, skønt komplekse slutninger vedrørende karakter-fortælleren, dét sker sjældent, og det fortjener at blive kommenteret yderligere. Netop fordi fortællingen gennem det meste af sit forløb har belønnet snarere end blokeret vor bestræbelse på at se Ishiguros position bag Stevens' fortællen, har denne tvetydighed yderligere konsekvenser for vore fortolkningsbestræbelser: Den overfører ansvaret for at gøre scenen entydig, og i særdeleshed for at komme til rette med det etiske aspekt af Stevens' handling, fra Ishiguro og fortællingens signaler til kød-og-blod-læseren.

Med andre ord, at sige, at det autoriale publikum ikke kan gøre scenen entydig, er ikke det samme som at sige, at kød-og-blod-læsere ikke vil føle sig tvunget til at opløse tvetydigheden, og det er heller ikke det samme som at sige, at de vil have vanskeligheder med at finde en forklaring, der er mere overbevisende end en anden. Tværtimod, vægten af den tidligere oplevelse af fortællingen vil med større sandsynlighed gøre det svært for den kød-og-blod-læser, der opløser tvetydigheden på én måde, at se styrken i argumenter, der peger på en anden løsning. Vor egen erfaring følger dette mønster: Mary Pat er overbevist om, at Stevens bør lade Miss Kenton se, hvad han føler, mens Jim fastholder sin overbevisning om, at Stevens gør det rigtige ved ikke at sige noget. Vore omfattende konversationer om bogen og scenen, som Booth ville kalde vore koduktioner, har fået os til at se det overbevisende i begge forklaringer, men hver især tror vi inderst inde, at vi selv har den bedre læsning. Faktisk så vi til at begynde med vore egne læsninger som selvindlysende og blev forbavsede over at opdage, at det selvindlysende ikke var noget, alle delte.

Det er selvfølgelig muligt, at den mest tvingende forklaring på dette fænomen er, at vi hver især har en veludviklet stædighed, men vi vil gerne foreslå en alternativ forklaring, én, der ikke alene er anvendelig på os i denne særlige læsesituation, men også på andre læsere i andre situationer. Vor redegørelse lægger ikke kun vægt på forbindelserne mellem homodiegesis, det kognitive, det emotionale og det etiske, men også på dem mellem fortællingens mønstre og kød-og-blod-læserens instans. Fordi homodiegesen blokerer vor adgang til konklusive signaler fra Ishiguro og derfor overfører ansvaret for at gøre scenen entydig til kød-og-blod-læseren, er det, der afgør, hvordan hver af os tager ansvaret på sig, *vore individuelle trosforestillinger, som de interagerer med vor forståelse af Stevens som en særlig karakter i en særlig situation*. Med andre ord, vore egne etikker spiller en afgørende rolle i dannelsen af vor respons på scenen, men disse etikker leverer ikke abstrakte adfærdsregler, som vi kan smide i hovedet på Stevens og hans situation. I stedet påvirker vore individuelle etiske standarder vort syn på, hvilket undersæt af Ishiguros etiske normer, der er mest relevant for denne scene. På en måde stiller hver af os spørgsmålet: "Hvad mener Ishiguro her er det rigtige for Stevens at gøre?" – og vi finder overbevisende svar i et særligt undersæt af de normer, han tidligere har etableret. At svarene og de normer, der ligger bag dem, er forskellige, peger på påvirkningen fra vore ulige etiske trosforestillinger – eller i hvert fald på vort forskellige hierarki af sådanne trosforestillinger. For Mary Pat er Ishiguros fremhævelse af omkostningerne ved Stevens' forstillelse for både Stevens og Miss Kenton det væsentligste. For Jim er Ishiguros fremhævelse af Stevens' tidligere selviskhed det, der har størst betydning. Mens vi hver især kan mene, at vi går ud af os selv og ind i Stevens' situation, bliver vi ikke desto mindre ved med, som vor uenighed viser, at fastholde vore egne etiske standarder.

Vi er klar over, at vor særlige uenighed er i overensstemmelse med, hvad nogle vil kunne forudsige på basis af kønsforskellen: Selvfølgelig ønsker kvinden, at Stevens skal give udtryk for sine følelser, og selvfølgelig ønsker manden, at han skal holde dem for sig selv. Skønt vi ikke har noget ønske om at benægte, at kønnet i et vist omfang påvirker vore trosforestillinger, vil vi modsætte os enhver enkelt-årsagsforklaring på vor uenighed, eftersom vore etiske trosforestillinger, som hos de fleste, har udviklet sig fra et mangefold af kilder og årsager, som indbefatter erfaring, religiøs opdragelse, uddannelse – og læsning af fortællinger. Vi nævner denne pointe, ikke for at vende dette essay i en selvbiografisk retning, men for at understrege de mangfoldige relationer mellem fortællende tekster og vore responser på dem.

BRIAN RICHARDSON

HINSIDES HISTORIE OG DISKURS: NARRATIV TID I POSTMODERNE OG IKKE-MIMETISK FIKTION[1]

Uddrag fra "Beyond Story and Discourse: Narrative Time in Postmodern and Nonmimetic Fiction", i Brian Richardson (ed.), *Narrative Dynamics. Essays on Time, Plot, Closure, and Frames*, Columbus: Ohio State University Press, 2002, ss. 47-53.

Narrativ tidslighed er måske det område, hvor man stadigvæk finder den største grad af enighed blandt de vigtigste teoretikere. Den begrebslige standardramme er her Genettes med dens grundbegreber om orden, varighed og frekvens. Disse begreber bygger på og svarer til de russiske formalisters tidligere skel mellem *fabula* og *sjuzhet* og den teoretiske dyade *fortælletid* og *fortalt tid*, velkendt i flere grene af den tyske kritiktradition; Genettes model deler også den generelle mimetiske præmis med praktisk talt alle aktuelle teorier om narrativ tid – en fælles grund, der tillader teorien at søge at dække både fiktionale og nonfiktionale arbejder.[2]

I de fleste tilfælde er dette alt, hvad der er nødvendigt. Der er ingen tvivl om, at Genettes redegørelse er adækvat med henblik på at beskrive tidsligheden i de fleste nonfiktionale

1 Jeg vil gerne takke James Phelan, Ross Chambers og Monika Fludernik for deres generøse kommentarer til et tidligere udkast til dette essay.

2 For en diskussion af de subtile forskelle mellem Günther Müllers og Genettes opfattelser se Ricœur, *Time and Narrative*, vol. 2, 77-88 og 178-82.

fortællinger, i hovedparten af den realistiske fiktions værker og i megen modernistisk fiktion. Det er faktisk meget muligt, at det var modernisternes slående antilineære og dog naturalistisk forståelige tekster, der oprindeligt inspirerede disse undersøgelser. Men anvendt på en række senmodernistiske og postmoderne tekster svigter disse kategorier, for de arbejder med distinktioner, som eksperimenterende forfattere insisterer på at udelukke, benægte eller blande sammen – og det gælder også for nogle postmoderne strejftog i nonfiktionale genrer.[3] Som Diam Elam har skrevet, "postmodernisme er anerkendelsen af den særligt *tidslige* ironi i fortællinger" (217). Efter en gennemlæsning af den betragtelige mængde avantgarde- og postmoderne fortællinger, der har formeret sig hastigt i den seneste tid, er vi nu i en position, hvor vi kan identificere flere betydningsfulde og nu veletablerede varianter af konstruktionen af tidslighed, konstruktioner, som ikke kan rummes inden for Genettes teoretiske rammer.[4]

Blandt de mange overskridelser af realistisk tidslighed, der findes i nyere tekster, er der seks typer tidslig rekonstruktion, der gør sig tydeligt nok gældende, til at de kræver en særlig opmærksomhed. Disse strategier er ofte, som vi skal se, til stede også i tidligere fortællinger; endvidere er de sædvanligvis, for så vidt som de aktualiserer logiske kontradiktioner, kun mulige i fiktionsværker. Skønt nonmimetiske, har de en

---

3 Se fx Christian Morarus indsigtsfulde analyse af de tidslige mærkværdigheder i Nabokovs selvbiografi, *Speak, Memory*.

4 Mine indvendinger gælder ligeledes for redegørelser for narrativ tidslighed, der stammer fra filosofisk hermeneutik. Ricœur postulerer fx et gensidigt forhold mellem narrativitet og eksistensens struktur. De fortællinger, jeg skal diskutere her, har aldrig eksisteret som andet end trykte tekster.

dialektisk relation til mimesisbegrebet, for det er kun gennem begrebet, vi kan forstå, hvordan det overskrides. Strategierne inkluderer de følgende:

1. Cirkulær

I den måske mest kendte type vender fiktionen, i stedet for at slutte, tilbage til begyndelsen og fortsætter sådan i en uendelighed. Dens cirkulære tidslighed mimer delvis hverdagslivets lineære kronologi, men omformer den til slut; den vender altid tilbage til og starter fra sit udgangspunkt – hvilket også er dens (midlertidige) afslutning. *Locus classicus* for denne type er *Finnegans Wake*; andre tidligere eksempler omfatter Queneaus *Le Chiendent* (1933) og Nabokovs *The Gift* (1937-38).[5] Brian McHale peger endvidere på, at "(A)ndre varianter af Ouroboros-strukturen inkluderer Julio Cortazars *Hopscotch* (1936/7), Gabriel Josipovicis "Mobius the Stripper" (1974) og John Barths minimalistiske Möbiusbåndfortælling "Frame-Tale" (fra *Lost in the Funhouse*)" (1987, 111). Sådanne tekster problematiserer også Genettes begreb om frekvens, eftersom de er uendeligt gentagne instanser af, hvad der ellers er én og samme begivenhed.[6]

2. Kontradiktorisk

En fremtrædende type blandt mange af de mere ekstreme postmoderne fortællinger er den selvmodsigende historie, som fremfører inkompatible og uforenelige versioner af historien.

---

5 Toker foretrækker at betegne Nabokovs tidslige struktur som en uendelig spiral; se hendes diskussion af dette punkt (158-63).

6 [Genettes indgående diskussion af frekvens findes i kapitlet "Fréquence" i "Discours du récit" (*Figures III*, ss. 145-182 eng. ovs. *Narrative Discourse*, ss. 113-160).]

I det virkelige liv er sådanne kontradiktioner ikke mulige: En mand døde måske i 1956 eller i 1967, men han kan ikke være afgået ved døden i 1956 *og* i 1967. Denne lov om ikke-kontradiktion behøver imidlertid ikke blive fulgt i ikke-mimetiske værker som J. B. Priestleys *Dangerous Corner*, Robert Coovers "The Babysitter", Caryl Churchills *Traps*, Jeanette Wintersons "The Poetics of Sex", de hinanden gensidigt udelukkende slutninger i John Fowles *Den franske lieutnants kvinde* og mest berømt (og ekstremt) i Robbe-Grillets senere romaner.[7] I en diskussion af *La Maison de rendez-vous* har Ruth Ronen lagt mærke til, at "fiktive verdener kan indeholde tidslige paradokser, hvor tid præsenteres som reversibel eller bilateral" (202).[8] I disse tekster er der ikke en enkelt, utvetydig historie at ekstrapolere fra diskursen, men snarere to eller flere kontradiktoriske versioner, som alvorligt ødelægger selve begrebet om en historie (*histoire*) i det omfang,

---

7 Hvad angår tidsligheden i *La Jalousie* eller *La Maison de rendez-vous*, kan jeg ikke være enig med Ruth Ronens påstand, at "kronologi synes ikke at betinge narrativ organisation eller overhovedet at være relevant for organiseringen af den narrative verden" (216). Jeg vil mene, at det er mere formålstjenligt i stedet at hævde, at den narrative verden er ordnet efter (og faktisk kan defineres ved) en kontradiktorisk kronologi. Dens overskridende effekter afhænger desuden af, at læseren opfatter og reflekterer over de implikationer, som denne kronologi har for den fiktionale verden.

8 Emma Kafalenos har desuden slået fast, at *La Maison de rendez-vous* "indeholder flere (fragmentariske) *fabula*" (369). Se også Ursula Heises teoretiske analyse af den kontradiktoriske tidslighed i Robbe-Grillets *Topologie d'une cité fantôme* (113-46), hvis fortæller "vandrer ned ad gange og gader, der altid synes at give adgang til for mange tidslige dimensioner, for mange historiske øjeblikke på samme tid" (147).

historien opfattes som en enkelt, selv-konsistent rækkefølge af begivenheder, som man kan slutte sig til ud fra diskursen. For den sags skyld forudsætter Genettes begreb om frekvens såvel som hans begreb om historie eksistensen af en fast, genfindelig, ikke-kontradiktorisk begivenhedsrækkefølge, som mange postmoderne forfattere nægter at levere. Ursula Heise, som behændigt analyserer sådanne kontradiktoriske tidsligheder i Pynchon og Robbe-Grillet (113-46, 179-219), forklarer denne praksis med termer, som er lånt hos Borges: "Derved projicerer postmodernistiske romaner ind i den narrative nutid og fortid en oplevelse af tid, som normalt kun er tilgængelig som fremtid: tid, der deles og underdeles, som tvedeles og kontinuerligt forgrener sig i mangfoldige muligheder og alternativer" (55).[9]

3. ANTINOMISK

Mange fortællinger bevæger sig bagud i tid (Elizabeth Howards *The Long View*, C. H. Sissons *Christopher Homm*, Harold Pinters *Betrayal*); de fleste kan nemt situeres i tidslighedens standardbegreber, som informerer næsten al aktuel narrativ teori – altså: *Sjuzhet'ets* orden er ganske enkelt det modsatte af *fabula'ens* orden. Andre, mere komplekse retroverterede fortællinger præsenterer mere genstridige gåder. Ilse Aichingers "Spiegelgeschichte" (1952) er en dobbelt lineær historie, der samtidig bevæger sig tilbage og frem i tid, som det sker i senere tekster som Alejo Carpentiers "Journey Back to the Source" (1963), de sidste sider i Angela Carters *The*

9 Mere lokaliserede versioner kan også findes i de tidslige sløjfer, der præsenteres i Tom Stoppards *Travesties* eller de sammenlignelige kronologiske uregelmæssigheder i Angela Carters *Nights at the Circus*.

Passion of New Eve (1977) og Martin Amis' *Time's Arrow* (1984).[10] Aichingers protagonist går således fra sin begravelse og bagud i tid til sin fødsel, men handler hele tiden, som om hun i stedet bevæger sig frem i tid og ser frem imod, hvad der allerede er sket, hvis man kan sige det sådan.

Således får vi udsagn som: "Drei Tage später wagt er nicht mehr, den Arm um deine Schultern zu legen. Wieder drei Tage später fragt er dich, wie du heisst, und du fragst ihn. Nun wisst ihr voneineander nicht einmal mehr die Namen... Ein Tag wird kommen, da siehst du ihn zum erstenmal. Und er sieht dich. Zum erstenmal, das heisst: Nie wieder" (71). (Tre dage senere tør han ikke længere lægge armen om din skulder. Tre dage senere igen spørger han dig, hvad du hedder, og du spørger ham. Nu kender I ikke en gang hinandens navne... Der vil komme en dag, da du ser ham for første gang. Og han ser dig. For første gang, det vil sige: aldrig mere")[11]. Det første møde, i ét tidsligt perspektiv, er i det andet perspektiv også det sidste.

Med denne slags historier kan man uden tvivl have anakronier, men det er ikke klart, om – og hvorfor – de skulle kaldes prolepser eller analepser.[12] I en mimetisk tekst fortæller

---

10 Brian McHale finder andre eksempler på "omvending af processen" i Pynchons *Gravity's Rainbow*: "Slothrops familiehistorie (*GR*: 203-204), eller om raketproduktion ('tilrettet stål tilbage til pladestål tilbage til råjern til hvidglødende stof til malm, til Jord', *GR*: 139) – som synes at forudsætte, at filmens mulighed for at spilles tilbage kan udvides til virkeligheden selv" (1994, 110) – altså ikke den mulighed, at en sekvens af historiens lineære fremadskriden arrangeres i en antikronologisk diskursiv orden.

11 [Engelsk oversættelse, s. 74-75.]

12 [Termerne stammer fra Genette, *Figures III* ("Discours du récit"), eng. ovs. *Narrative Discourse*), og betegner i Genettes perspektiv

fortælleren historien retrospektivt (dvs. i fortidsform), ligesom læsernes reception af historien er prospektiv; den interesserede læser ønsker at vide, hvad der allerede er sket. I antinomisk narration bevæger både fortæller og læser sig prospektivt (præsensform, endda futurum), skønt tidens pil bevæger sig bagud. Aichingers historie inkluderer også spøgefulde sidebemærkninger om denne usædvanlige tidslige situation, der emblematiserer de modsatrettede kronologiske linjer: "Vom Hafen heulen die Schiffe. Zur Abfahrt oder zur Ankunft? Wer soll das wissen?" ("Nede i havnen tuder skibene. Til afgang eller ankomst? Hvem kan vide det?")[13] Denne spøg er én, som konventionel narratologi er ude af stand til at forklare, for den forestiller sig ikke, at historiens tid kan bevæge sig i to retninger samtidig.[14]

---

anakroniens to principielle muligheder: 1. at fortælle eller antyde noget, som endnu ikke er sket i historien (*prolepsis*), 2. at vise tilbage til en tidligere sket begivenhed (*analepsis*).]

13 [Engelsk oversættelse s. 68-69.] Fortælleren i Martin Amis' *Time's Arrow* er offer for en lignende forvirring: "Vent et øjeblik. Hvorfor går jeg *baglæns* ind i huset? Vent. Er dette skumring eller dæmring? Hvad er det for en sekvens, jeg er i? Hvad er dens regler? Hvorfor synger fuglene så mærkeligt? Hvor er jeg på vej hen?" (6)

14 En vigtig undtagelse fra denne påstand er Tamar Yacobi, som anvender kategorien "bagudvendte bevægelser" for at beskrive den følgende antinomiske sekvens i et digt af Dan Pagis, hvoraf nogle få linjer kan antyde intensiteten i dette værk, som verbalt, konjunktivt, gør Holocaust "ugjort":

> The scream goes back into the throat.
> The gold teeth to the jaw.
> The fear.
> The smoke to the tin chimneys and further inside
> Back to the hollow of bones.

4. Differentiel

En besynderlig tidslighed kan findes i Woolfs *Orlando*, hvor titelkarakteren ældes i et andet tempo end de, der omgiver ham (hende), idet én kronologi lægges oven i en anden og større. Således går der 20 år for Orlando samtidig med, at der går 350 år for dem omkring hende (ham). Situationen driver fortælleren til nogle legende beskrivelser, i hvilke metaforiske udsagn om tid får en bogstavelig mening, når de anvendes på *Orlando*: "Det ville ikke være nogen overdrivelse at sige, at han kunne gå til frokost som en mand på tredive og komme hjem til middag som en på mindst femoghalvtreds. Nogle uger forøgede hans alder med et århundrede, andre ikke med mere end højst tre sekunder" (70). Strategien bliver gentaget (måske som en hyldest til Woolf) af Caryl Churchill i hendes skuespil *Cloud Nine*, hvor karaktererne ældes med 20 år,

---

And already you will be covered with skin and sinews and you will live,
You will still be living,

Sitting in the living room, reading the evening paper.
Here you are! All in time. (112)

[Skriget vender tilbage til struben.
Guldtanden til kæben.
Frygten.
Røgen til tinskorstenene og længere inde
Tilbage til benenes hulrum.
Og du vil allerede være dækket af hud og sener og du vil være i live,
Du vil stadig være i live,

Siddende i stuen, læsende aftenavisen.
Her er du! Lige til tiden.]

mens det samfund, de bebor, vinder et århundrede. Borges' "The Secret Miracle" anvender også en lignende konstruktion, idet tiden begynder at gå langsommere for en mand, der venter på at blive henrettet, så han kan finde tid til at afslutte arbejdet med et skuespil, netop som kuglerne fra eksekutionspeletonen umærkeligt er på vej hen imod ham; han oplever et år, mens hans mordere kun sanser et øjeblik. Det omvendte sker i Rushdies *The Moor's Last Sigh*, hvor protagonisten ældes hurtigere, end de der omgiver ham. En endnu mere intrikat anvendelse af sådanne synkroniserede, indfoldede kronologier findes i Caldérons klassiker, *Verdens store teater*, hvor såvel skabelseshistorien som den tidslige udstrækning af et menneskeliv er foldet ind i det tidsrum, som stykkets fremførelse faktisk varer. Man kan notere sig, at Bakhtins redegørelse for den middelalderlige drømmevisions kronotop, der "synkroniserer diakroni" for at producere en tid, hvor alle begivenheder falder sammen i "ren samtidig eksistens" (157), svarer fuldstændigt til de differentielle tidsligheder hos Caldéron, og de foregriber interessant nok nyere, postmoderne praktikker.[15]

5. SAMMENSMELTET

En decideret nutidig konstruktion er den, hvor forskellige tidslige zoner ikke forbliver adskilte, men glider over i eller smitter af på hinanden. Idet historiens segmenter løber over

---

15 Et andet uventet tilfælde af denne strategi findes i Ben Johnsons maskespil "A Vision of Delight", hvor årstiders og dages tidslighed er foldet sammen i den sceniske fremførelses tid. Skønt en notorisk stivnakke i overholdelsen af nyklassiske tidsnormer i det egentlige drama, bruger Johnson en meget anderledes poetik i konstruktionen af sine maskespil.

i hinanden, gør også deres respektive tidsligheder det. Vi finder dette i Pingets *Passacaille*, i nogle af Claude Simons senere romaner og i Juan Goytisolos *Landscape After the Battle*.[16] Fremstillinger af et sæt af begivenheder folder sig ind i et andet begivenhedssæt, som antages at have fundet sted i en anden tid, uden at der findes rammer, der kan klargøre forholdet mellem adskilte begivenhedsgrupper. I Simons *Les Corps conducteurs* finder vi en forsinket, minimal og afgjort antiteleologisk tidslighed; fortællingen bevæger sig fra setting til setting, og hver gang begynder "adskilte" tider og rum at smelte sammen eller løbe ud i hinanden, distinktionerne mellem hvert knippe af begivenheder opløses, og "nu" og "dengang" betegner ikke længere klart adskilte tider. En analyse à la Genette af historie eller frekvens vil hurtigt føre til en serie af modsigelser og blindgyder, for der er ikke noget identitetsprincip, der arbejder for at etablere, hvad der er, og hvad der ikke er den "samme" begivenhed.

Der findes interessante varianter af denne praksis, som fx overlapningen af den dominerende 1700-tals-baggrund i Carpentiers *Concierto Barroco* med et kort og uforklaret intermezzo i det 20. århundrede, Ishmael Reeds læggen moderne teknologi og tidsbevidsthed hen over 1860'erfortællingen i *Flight to Canada* eller de umulige og forvirrede historiske referencer i Guy Davenports "The Haile Selasse Funeral Train". En anden blatant brug af denne teknik findes i Milan Kunderas *Slowness*, hvor den nutidige hovedfortællings protagonist konfronteres med helten fra den 1700-talsroman, som delvist har inspireret fortællingen – og derefter konfronteres begge karakterer med fortælleren selv, historiens skaber.

---

16 [Originaltitel *Paisajes despues de la batalla*.]

6. TO- ELLER FLERFOLDIG

Vi er måske nu i en position, hvor vi kan placere et af Shakespeare-kritikkens problembørn: den notoriske "dobbelte tid" i mange af hans modne skuespil, hvor forskellige linjer i plottet, skønt de begynder og slutter i det samme øjeblik, ikke desto mindre tager et forskelligt antal dage for at udvikles. I *En Skærsommernatsdrøm* (som er fyldt til randen med snedige hentydninger til en skæv kronologi) går der fire dage og tre nætter for hertugen og hans følge i byen, mens der – i samme tidsrum – kun går to dage og en enkelt nat for de elskende i den fortryllede skov.[17] Som karakteren Tid selv forklarer mellem akterne i *Vintereventyret*, "jeg har magt / at ændre straks hver lov og skik og pagt" (IV. i, 7-9). Som Rawdon Wilson har vist, rummer også *The Fairie Queen* lignende tidslige modsigelser.[18] En sådan situation er ligeledes til stede (og eksplicit kommenteret) i Byrons *Cain*: Efter at Lucifer har sendt Cain tilbage til Eden, udtrykker Adah sin tak for, at han så hurtigt kom tilbage, kun efter "to *lange* timer" (III. i, 54) ifølge solens bevægelse. Cain, forståeligt nok forvirret, svarer:

And yet I have approached that sun, and seen
Worlds which he once shone on, and never more

---

17 For en diskussion af skuespillets tidslighed i perspektiv af narratologisk teori se mit oplæg "Time Is Out of Joint" (1987, 302-304). I den artikel analyseres også den usædvanlig tidslighed i en række andre dramaer, mange af dem nævnt i dette essay, og modsigelsen mellem fremførelsens faktiske tid og den tid, der antages at gå, mens den står på, diskuteres.

18 Karakterer som Redcrosse, fx, tilbringer både lang tid i fangenskab og reddes hurtigt fra det samme fangenskab.

Shall light; and worlds he never lit: methought
Years had rolled o'er my absence. (III. i, 56-59)[19]

Det er næsten sikkert, at Shakespears og Spensers tidsligt fortryllede skove inspirerede junglens "tidsforandrende trolleri" i Sundarban-kapitlet i Rushdies *Midnatsbørn*.

I tillæg til de typer af aktuelt uteoretiserede tidslighedskontruktioner, der er identificeret ovenfor, er der tilliggende områder, som det er nødvendigt at udforske i større dybde. Det mest fremtrædende, og det, der nu er ved at få en vis kritisk opmærksomhed, er problemet med oppositionen mellem historiens tid og diskursens tid. En sådan distinktion forudsætter, at det er muligt at genfinde eller udlede en konsistent historie (*fabula*) af en tekst (*sjuzhet*); i mange nyere værker er dette simpelthen ikke tilfældet.[20] Becketts *Molloy*, for at tage et velkendt ek-

19 [Og dog har jeg nærmet mig den sol, og set
Verdner han engang skinnede på, og aldrig mere
Skal belyse; og verdner han aldrig gav sit lys: mig syntes
År at have rullet hen over mit fravær.]

20 Andre teoretikere, der i den senere tid har bestridt historie/diskurs-distinktionen, inkluderer Ruth Ronen, som bruger eksemplet med Robbe-Grillets *La Maison de rendez-vous* "for at vise umuligheden af at adskille begivenhedernes orden fra fortællingens modus" (216), og Patrick O'Neill (35-57), som argumenterer mod, at denne begrebsopposition skulle være stabil: "Måske det mest slående af alt med hensyn til historiens verden er, hvad narrativ teori angår, det ultimative vi *kan aldrig* nogensinde sige, 'hvad der virkeligt skete', for på grund af sin status som fortalt verden både undslipper og overstiger denne i sidste ende enhver beskrivelse" (38). For en udmærket diskussion af ubestemmelige *sjuzhet'er* og tvetydige og flerfoldige *fabulae* se Kafalenos. Cullers tidligere

sempel, kan ikke siges at have en genfindelig historie; den har derfor ingen historie-tid. Henimod slutningen af sin fortælling undrer Molloy sig over en hændelse, han lige har fortalt: "Ja, for mig ser det ud, som en sådan hændelse fandt sted omtrent på dette tidspunkt... Men måske jeg blander to tider sammen til én, og to kvinder, den ene kommer mod mig, forlegen, tilskyndet af sine ledsageres råb og latter, og den anden går bort fra mig, uden at nøle" (75). Spørgsmålet kan aldrig definitivt besvares, hverken af Molloy eller af narratologen, for i denne selv-negerende roman er hver formodet begivenhed suspekt eller anfægtet, og har måske slet ikke fundet sted.[21]

Med andre ord, Beckett leverer desto mere skærende og kompromisløse udfordringer til ideen om en præeksisterende, genfindelig historie, der er uafhængig af diskursen, jo mere hans fortællere "denarraterer" eller benægter og sletter begivenheder, som de tidligere påstod fandt sted (*The Unnamable*, "Cascando", *Fizzles*, *Ill Seen, Ill Said*).[22] Dette mønster fortsætter, indtil vi når til *Worstward Ho*, hvor beskrivelser negeres umiddelbart efter, at de bliver udtalt: "Først kroppen. Nej. Først stedet. Nej. Først begge. Nu den ene. Nu den anden. Led af den ene prøv den anden. Led af den tilbage igen led af den ene. Så videre. På en eller anden måde videre. Til led af begge. Kast op og gå. Hvor ingen af dem. Til led af der. Kast op og tilbage. Kroppen igen. Hvor ingen... Sig

---

diskussion af disse termer er misvisende; se Fludernik for en sund kritik (320-21).

21 For en udvidet diskussion af dette spørgsmål se min artikel om denarration.

22 For en lignende analyse af varighedens problematik i *How It Is* se Ursula K. Heise (147-75); om tidslighedens mærkværdigheder i *Waiting for Godot* se Schechner.

den står. Måtte til sidst op at stå. Sig knogler. Ingen knogler men sig knogler" (s. 29-30).[23] I disse kontekster giver det ingen mening at tale om en historie (og, per implikation, en oprindelig kronologisk sekvens), som kan udledes eller uddrages af diskursen. I sådanne tekster tjener diskursen til at udviske historien.[24] Repræsentationsmodellen af en forfatter, der transskriberer en præeksisterende historie, er her opløst og erstattet af en, der lægger vægt på opfindelses-akten og den frie leg hos en forfatter, der opfinder, hvad han gør krav på at fortælle; eller for at sige det på en anden måde, mimesis har her veget pladsen for poiesis.

Salman Rushdie tilbyder en potentielt mere radikal udviskning. *Midnatsbørn*, hvor narrative arabesker à la Tristram Shandy er sammensmeltet med det moderne Indiens historie, rummer en tidslig modsigelse, som fortælleren selv gør opmærksom på: "Idet jeg genlæser mit arbejde opdager jeg en kronologisk fejl. Mordet på Mahatma Gandhi finder på disse sider sted på en forkert dato. Men jeg kan ikke sige, nu, hvad den faktiske begivenhedsrækkefølge kan have været; i mit Indien vil Gandhi fortsætte med at dø på det forkerte tidspunkt" (198). Dette værks *histoire* negerer den historiske tidsplan, der i øvrigt strukturer meget af teksten; den bliver uadskillelig fra den diskurs, der udtrykker den. Denne strategi er en typisk postmoderne rekonstituering af Historien, der samtidig tegner en tydelig, postkolonial allegori – Gandhis død vil altid være ubetimelig for dem på subkontinentet, som nylige begivenheder fortsætter med at vise det.

---

23 [Citat gengivet efter Uffe Harders oversættelse i Samuel Beckett, *Worstward Who*, Brøndum/Aschehoug, 1994.]

24 For yderligere diskussion og flere eksempler på postmoderne, fiktionale "verdener under udviskning" se McHale, 1987, 99-111.

OM FORFATTERNE

Wayne C. Booth (født 1921) studerede ved Brigham Young University og University of Chicago, hvor han fik sin ph.d. i 1950. I 1962 blev han Pullman Professor i engelsk i Chicago og i 1982 præsident for Modern Language Association. Booth' første og måske vigtigste udgivelse var *The Rhetoric of Fiction* (1961). Senere hovedværker omfatter *A Rhetoric of Irony* (1974) og *The Company We Keep* (1988).

Seymour Benjamin Chatman (født 1928) er professor emeritus i retorik og film ved University of California, Berkeley. Hans udgivelser omfatter *The Later Style of Henry James* (1972), *Story and Discourse* (1978), *Antonioni, or the Surface of the World* (1985), *Coming to Terms* (1990) og (sammen med Willie van Peer) *New Perspectives on Narrative Perspective* (2001). Han har derudover publiceret en række artikler om narrative strukturer og om forholdet mellem romaner og film.

Dorrit Cohn er professor emeritus i litteratur ved Harvard University og medlem af Østrigs Akademie der Wissenschaften. Cohn har skrevet en mængde artikler om narratologiske emner og udgivet bøgerne *Transparent Minds: Narrative Modes for Presenting Consciousness in Fiction* (1978) og *The Distinction of Fiction* (1999)

Monika Fludernik (født 1957) er professor i engelsk litteratur ved Freiburg universitet i Tyskland. Hun har skrevet *The Fictions of Language and the Languages of Fiction: The Linguistic Representation of Speech and Consciousness* (1993) og *Echoes and Mirrorings: Gabriel Josipovici's Creative Oeuvre* (2000). Hendes vigtigste bog, *Towards a 'Natural' Narratology* (1996), vandt hende en pris ved The Society for the Study of Narrative Literature. I tillæg til sine narratologiske kompetencer er Fludernik specialist i postkoloniale emner og i det 18. århundredes litteratur.

Gérard Genette (født 1930) har udgivet en lang række skelsættende værker inden for både narratologi og litteraturteori. Blandt de vigtigste kan nævnes *Figures 1-3* (1966-72), *Nouveau discours du récit* (1983), *Seuils* (1987) samt *Palimpsestes: la littérature au second degré* (1992).

Brian Richardson (født 1953) er lektor ved Marylands universitet. Han er forfatter til *Unlikely Stories: Causality and the Nature of Modern Narrative* (1997) og redaktør af *Narrative Dynamics: Essays on Time, Plot, Closure, and Frames* (2002). Richardson har skrevet adskillige artikler om forskellige narratologiske problemfelter, heriblandt temporalitet, handlingsrække, karakterer og du-fortællere.

Franz K. Stanzel (født 1923) er østrigsk anglist, og han har tidligere været ansat ved blandt andet Göttingen universitet og Erlangen universitet. Den første vigtige titel i den fortælleteoretiske del af Stanzels omfattende production er *Die typischen Erzählsituationen im Roman, dargestellt an Tom Jones, Moby-Dick, The Ambassadors, Ulysses, u. a.* fra 1955. Senere reviderede Stanzel sin teoribygning betragteligt. Resultaterne heraf fremgår af *Theorie des Erzählens*, der udkom i 1979, og som regnes for Stanzels hovedværk. En lettere ændret engelsk version med titlen *A Theory of Narrative* udkom i 1984.

BIBLIOGRAFI

Abbott, H. Porter, 2002, *The Cambridge Introduction to Narrative.* Cambridge: Cambridge University Press.

Anderegg, Johannes Mathias, 1973, *Fiktion und Kommunikation. Ein Beitrag zur Theorie der Prosa.* Göttingen: Vandenhoeck & Ruprecht.

Aristoteles, 1993, *Poetik.* overs. af Poul Helms. Hans Reitzels Forlag.

Aristotle & L. J. Potts, 1968, *Aristotle on the Art of Fiction; an English Translation of Aristotle's Poetics.* London: Cambridge U.P.

Bakhtin, M. M., 1984, *Problems of Dostoevsky's Poetics.* overs. af Caryl Emerson, Minneapolis: University of Minnesota Press.

Bakhtin, M. M. & Michael Holquist, 1981, *The Dialogic Imagination: Four Essays.* Austin: University of Texas Press.

Bal, Mieke, 1985, *Narratology: Introduction to the Theory of Narrative.* Toronto; Buffalo: University of Toronto Press.

Bal, Mieke, 1997, *The Mottled Screen: Reading Proust Visually.* Stanford, Calif.: Stanford University Press.

Banfield, Ann, 1982, *Unspeakable Sentences: Narration and Representation in the Language of Fiction.* Boston: Routledge & Kegan Paul.

Banfield, Ann: "Describing the Unobserved: Events Grouped Around an Empty Center". I: *The Linguistics of Writing. Arguments between Language and Literature*, Nigel Fabb, Derek Attridge, Alan Durant, Colin MacCabe (red.). New York: Methuen, 1987.

Barthes, Roland: "Introduction to the Structural Analysis of Narratives". I: *Image, Music, Text* (red.). London: Fotana, 1977.

Barthes, Roland, 1986, *The Rustle of Language*. New York: Hill and Wang.

Barthes, Roland (red.). 1966 *Communication 8*. Paris.

Bate, Walter Jackson, 1952, *Criticism. The Major Texts*. New York and Burlingame: Harcourt, Brace & World.

Beach, Joseph Warren & Willian Van O'Connor, 1948, *Forms of Modern Fiction. Essays Collected in Honor of Joseph Warren Beach*. Minneapolis: Indiana University Press.

Benjamin, Walter, 1996, *Fortælleren og andre essays*. København: Gyldendal.

Besant, Walter, 1884, *The Art of Fiction*. Boston: Cupples Upham and company.

Blin, Georges, 1953, *Stendhal et les problèmes du roman*. Paris: José Corti.

Booth, Wayne C., 1961, "Distance and Point of View". I: *Essays in Criticism 11*.

Booth, Wayne C., 1961, *The Rhetoric of Fiction*. Chicago: University of Chicago Press.

Booth, Wayne C., 1974, *A Rhetoric of Irony*. Chicago: University of Chicago Press.

Booth, Wayne C., 1988, *The Company We Keep: an Ethics of Fiction*. Berkeley: University of California Press.

Bordwell, David, 1985, *Narration in the Fiction Film*. Madison: University of Wisconsin Press.

Bremond, Claude, 1973, *Logique du récit*. Paris: Seuil.

Brooke-Rose, Christine, 1991, "Whatever Happened to Narratology?". I: *Poetics Today* 11, no. 1.

Brooks, Cleanth & Robert Penn Warren, 1943, *Understanding Fiction*. New York: F. S. Crofts & Company.

Brooks, Peter, 1984, *Reading for the Plot: Design and Intention in Narrative*. New York: A. A. Knopf.

Bruner, Jerome, 1986, *Actual Minds, Possible Worlds*. Cambridge: Harvard University Press.

Chambers, Ross, 1999, *Loiterature*. Lincoln, Neb.: University of Nebraska Press.

Chatman, Seymour Benjamin, 1972, *The later style of Henry James*. Oxford: Blackwell.

Chatman, Seymour Benjamin: "Linguistics and the Novel". I: Roger Fowler (red.). London: Methuen & Co, 1977.

Chatman, Seymour Benjamin, 1978, *Story and Discourse: Narrative Structure in Fiction and Film*. Ithaca, N.Y.: Cornell University Press.

Chatman, Seymour Benjamin, 1985, *Antonioni, or, The Surface of the World*. Berkeley: University of California Press.

Chatman, Seymour Benjamin, 1990, *Coming to Terms: the Rhetoric of Narrative in Fiction and Film*. Ithaca, N.Y.: Cornell University Press.

Chatman, Seymour Benjamin, 1990, "What Can We Learn from Contextualist Narratology?". I: *Poetics Today* 11, no. 2: 309-28.

Chatman, Seymour Benjamin & Brian Attebery, 1993, *Reading Narrative Fiction*. New York: Macmillan.

Chekhov, Anton & Louis S. Friedland, 1924, *Letters on the Short Story, the Drama and other Literary Topics*. London: Minton, Balch & Co.

Cohn, Dorrit, 1966, "Narrated Monologue: Definition of a Fictional Style". I: *Comparative Literature* 18.

Cohn, Dorrit, 1978, *Transparent Minds: Narrative Modes for Presenting Consciousness in Fiction*. Princeton, N.J.: Princeton University Press.

Cohn, Dorrit, 1990, "Signposts of Fictionality: A Narratological Approach". I: *Poetics Today* 11, no. 4: 775-804.

Cohn, Dorrit, 1999, *The Distinction of Fiction*. Baltimore: Johns Hopkins University Press.

Corneille, Pierre: "Of the Three Unities of Action, Time and Place"

I: *Critical Theory Since Plato*, Hazard Adams (red.). New York: Harcourt Brace Jovanovich, 1971.

Culler, Jonathan, 1980, "Fabula and Sjuzhet in the Analysis of Narrative: Recent American Discussions". I: *Poetics Today*, no. 1: 27-37.

Culler, Jonathan, 1975, *Structuralist Poetics: Structuralism, Linguistics, and the Study of Literature*. Ithaca, N.Y.: Cornell University Press.

Currie, Mark, 1998, *Postmodern Narrative Theory*. New York: St. Martin's Press.

Doležel, Lubomir, 1973, *Narrative Modes in Czech Literature*. Toronto: University of Toronto Press.

Doležel, Lubomír, 1998, *Heterocosmica. Fiction and Possible Worlds*. Baltimore: Johns Hopkins University Press.

Ehrlich, Susan, 1990, *Point of View: a Linguistic Analysis of Literary Style*. London; New York: Routledge.

Elam, Diane: "Postmodern Romance". I: *Postmodernism Across the Ages*, Bill Readings & Bennet Schaber (red.). Syracuse: Syracuse University Press, 1993.

Ellis, Geoffrey Uther, 1939, *Twilight in Parnassus, a Survey of Post-War Fiction and Pre-War Criticism*. London: M. Joseph Ltd.

Erlich, Victor, 1965, *Russian Formalism: History, Doctrine*. The Hague: Mouton.

Ermarth, Elizabeth Deeds, 1992, *Sequel to History: Postmodernism and the Crisis of Representational Time*. Princeton, N.J.: Princeton University Press.

Fehn, Ann Clark m.fl., 1992, *Neverending Stories: Toward a Critical Narratology*. Princeton, N.J.: Princeton University Press.

Felman, Shoshana, 1977, *Literature and Psychoanalysis: the Question of Reading, Otherwise*. New Haven: Yale French Studies.

Fludernik, Monika, 1993, *The Fictions of Language and the Languages of Fiction: the Linguistic Representation of Speech and Consciousness*. London; New York: Routledge.

Fludernik, Monika, 1996, *Towards a 'Natural' Narratology*. London; New York: Routledge.

Fludernik, Monika, 2000, *Echoes and Mirrorings: Gabriel Josipovici's Creative Oeuvre*. Frankfurt am Main; New York: Peter Lang.

Ford, Ford Madox, 1929, *The English Novel*. Philadelphia & London: J. B. Lippincott company.

Friedemann, Käte, 1910, *Die Rolle des Erzählers in der Epik*. Leipzig: Wissenschaftliche Buchgesellschaft.

Friedman, Norman, 1955, „Point of View in Fiction". I: *PMLA*, no. 70: 1161ff.

Füger, Wilhelm, 1972, „Zur Tiefenstruktur des Narrativen. Prolegomena zu einer generativen ›Grammatik‹ des Erzählens" I: *Poetica* 5: 268-92.

Genette, Gérard, 1972, *Figures III*. Paris: Seuil.

Genette, Gérard, 1980, *Narrative Discourse: an Essay in Method*. Ithaca: Cornell University Press.

Genette, Gérard, 1982, *Palimpsestes: la littérature au second degré*. Paris: Seuil.

Genette, Gérard, 1983, *Nouveau discours du récit*. Paris: Seuil.

Genette, Gérard, 1987, *Seuils*. Paris: Seuil.

Genette, Gérard, 1988, *Narrative Discourse Revisited*. Ithaca: Cornell University Press.

Genette, Gérard, 1991, *Fiction et diction*. Paris: Seuil.

Genette, Gérard, 1993, *Fiction & Diction*. Ithaca: Cornell University Press.

Gibson, Andrew, 1996, *Towards a Postmodern Theory of Narrative*. Edinburgh: Edinburgh University Press.

Gill, Christopher & T. P. Wiseman, 1993, *Lies and Fiction in the Ancient World*. Austin: University of Texas Press.

Godzich, Wlad & Jeffrey Kittay, 1987, *The Emergence of Prose: an Essay in Prosaics*. Minneapolis: University of Minnesota Press.

Goldknopf, David, 1972, *The Life of the Novel*. Chicago: University of Chicago Press.

Goodman, Paul, 1954, *The Structure of Literature*. Chicago: University of Chicago Press.

Greimas, A. J., 1974, *Strukturel semantik*. København: Borgen.

Greimas, A. J. m.fl., 1988, *Semiotik. Sprogteoretisk ordbog*. Århus: Aarhus Universitetsforlag.

Greimas, A. J., 1970, "Grundtræk af en narrativ grammatik". I: *Poetik* 2, no. 3: 1-21.

Hamburger, Kate, 1957, *Die Logik der Dichtung*. Stuttgart: E. Klett.

Hamburger, Kate, 1973, *The logic of Literature*. Bloomington: Indiana University Press.

Hamilton, Clayton Meeker, 1908, *Materials and Methods of Fiction*. New York: The Baker and Taylor Company.

Harshaw, Benjamin, 1984, "Fictionality and Fields of Reference". I: *Poetics Today* 5: 227-51.

Heise, Ursula K., 1997, *Chronoschisms: Time, Narrative, and Postmodernism*. Cambridge: Cambridge University Press.

Hendricks, William O., 1972, "The Structural Study of Narration: Sample Analysis". I: *Poetics* 3.

Herman, David, 1998, "Limits of Order: Toward a Theory of Poly chronic Narrative". I: *Narrative*, no. 6: 72-95.

Herman, David, 1999, *Narratologies. New Perspectives on Narrative Analysis*. Columbus: Ohio State University Press.

Herman, David, 2000, "Narratology as a Cognitive Science". I: *Image & Narrative* 1, no. 1.

Herman, David, 2002, *Story Logic: Problems and Possibilities of Narrative*. Lincoln: University of Nebraska Press.

Hicks, Granville, 1957, *The Living Novel. A Symposium*. New York: The Macmillan Company.

Higdon, David Leon, 1977, *Time and English Fiction*. Totowa: Rowman and Littlefield.

Holmgaard, Jørgen, 1994, "Narrativitet: et forskningsfelts forvandlinger". I: *Kultur og Klasse* 21, 2, no. 76: 9-42.

Huet, Pierre Daniel & Pre-1801 Imprint Collection (Library of Congress), 1685, *Traitté de l'origine des romans*. Paris: Thomas Moette.

Hutcheon, Linda, 1987, "Metafictional Implications for Novelistic Reference". I: *On Referring in Literature*, Anna Whiteside & Michael Issacharoff (red.). Bloomington: Indiana University Press.

Iser, Wolfgang, 1993, *The Fictive and the Imaginary: Charting Literary Anthropology*. Baltimore: Johns Hopkins University Press.

Iversen, Stefan & Henrik Skov Nielsen, 2003, *Litteratur og fortælling*. Viborg: Systime.

Jahn, Manfred, 1995, "Narratologie: Methoden und Modellen der Erzähltheori". I: *Literaturwissenschaftliche Theorien, Modellen. Methoden: Eine Einführung*, Ansgar Nünning: Trier: WVT.

Jahn, Manfred, 2003, *Narratology: A Guide to the Theory of Narrative* [http://www.uni-koeln.de/~ame02/pppn.htm].

Jakobson, Roman, 1967, *To Honor Roman Jakobson. Essays on the Occasion of his Seventieth Birthday, 11 October 1966*. Paris: Mouton.

James, Henry, 1973, *The House of Fiction: Essays on the Novel*. Westport: Greenwood Press.

James, Henry & James Edwin Miller, 1972, *Theory of Fiction: Henry James*. Lincoln: University of Nebraska Press.

Kafalenos, Emma, 1992, "Toward a Typology of Indeterminacy in Postmodern Narrative". I: *Comparative Literature*, no. 44: 380-408.

Keats, John, 1970, *The Poetical Works and other Writings of John Keats*. New York: Phaeton Press.

Keller, Ulrich, 1980, *Fiktionalität als literaturwissenschaftliche Kategorie*. Heidelberg: Winter.

Kermode, Frank, 1967, *The Sense of an Ending: Studies in the Theory of Fiction.* New York: Oxford University Press.

Klotz, Volker, 1965, *Zur Poetik des Romans.* Darmstadt: Wissenschaftliche Buchgesellschaft.

Lamarque, Peter & Stein Haugom Olsen, 1994, *Truth, Fiction, and Literature: a Philosophical Perspective.* Oxford: Oxford University Press.

Lanser, Susan Sniader, 1981, *The Narrative Act: Point of View in Prose Fiction.* Princeton: Princeton University Press.

Lanser, Susan Sniader, 1992, *Fictions of Authority: Women Writers and Narrative Voice.* Ithaca: Cornell University Press.

Leggett, H. W., 1934, *The Idea in Fiction.* London: G. Allen & Unwin ltd.

Leibfried, Erwin, 1972, *Kritische Wissenschaft vom Text. Manipulation, Reflexion, transparente Poetologie.* Stuttgart: Metzler.

Lemon, Lee T. & Marion J. Reis, 1965, *Russian Formalist Criticism: four Essays.* Lincoln: University of Nebraska Press.

Link, Jürgen, 1974, *Literaturwissenschaftliche Grundbegriffe. Eine programmierte Einführung auf strukturalistischer Basis.* München: Wilhelm Fink Verlag.

Lintvelt, Jaap, 1981, *Essai de typologie narrative: le "point de vue": théorie et analyse.* Paris: J. Corti.

Lubbock, Percy, 1921, *The Craft of Fiction.* London: J. Cape.

Ludwig, Otto, 1891, *Epische Studien. Gesammelte Schriften.* Leipzig: A. Stern.

Margolin, Uri, 1991, „Reference, Coreference, Referring, and the Dual Structure of Literary Narrative". I: *Poetics Today* 12.

McHale, Brian, 1987, *Postmodernist Fiction.* New York: Methuen.

McHale, Brian, 1992, *Constructing Postmodernism.* New York: Routledge.

Mchale, Brian & Ruth Ronen (red.), 1991 *Narratology revisited I (Poetics Today 11.1).*

Mchale, Brian & Ruth Ronen (red.), 1991 *Narratology revisited II (Poetics Today 11.4).*

Mendilow, Adam Abraham, 1965, *Time and the Novel.* New York: Humanities Press.

Metz, Christian, 1974, *Film language: a Semiotics of the Cinema.* New York: Oxford University Press.

Mezei, Kathy, 1996, *Ambiguous Discourse. Feminist Narratology and British Women Writers.* Chapel Hill: University of North Carolina Press.

Miller, D. A., 1981, *Narrative and its Discontents: Problems of Closure in the Traditional Novel.* Princeton: Princeton University Press.

Miller, J. Hillis, 1982, *Fiction and Repetition. Seven English Novels.* Oxford: Basil Blackwell.

Millett, Fred B., 1950, *Reading Fiction. A Method of Analysis with Selections for Study.* New York: Harper.

Mitchell, W. J. Thomas, 1981, *On Narrative.* Chicago: University of Chicago Press.

Moraru, Christian, 1995, "Time, Writing and Ecstasy in Speak, Memory: Dramatizing the Proustian Project". I: *Nabokov Studies,* no. 2: 173-90.

Morson, Gary Saul, 1994, *Narrative and Freedom: the Shadows of Time.* New Haven: Yale University Press.

Morson, Gary Saul, 2003, "Narrativeness". I: *New Literary History* 34, no. 1: 59.

Newton, Adam Zachary, 1995, *Narrative Ethics.* Cambridge: Harvard University Press.

Nielsen, Henrik Skov, 2003, *Tertium Datur: Om litteraturen eller det ikke-værende.* København: Bindslev.

Nünning, Ansgar m.fl., 1998, *Unreliable Narration. Studien zur Theorie und Praxis unglaubwürdigen Erzählens in der englischsprachigen Erzählliteratur*. Trier: WVT.

Onega, Susana & José Ángel Garcia Landa (red.), 1996 *Narratology: An Introduction*. New York: University of Toronto Press.

O'Neill, Patrick, 1994, *Fictions of Discourse: Reading Narrative Theory*. Toronto: University of Toronto Press.

Pascal, Roy, 1977, *The Dual Voice: Free Indirect Speech and its Functioning in the Nineteenth-Century European Novel*. Manchester: Manchester University Press.

Peer, Willie van & Seymour Benjamin Chatman, 2001, *New Perspectives on Narrative Perspective*. Albany: State University of New York Press.

Petersen, Jürgen H., 1977, "Kategorien des Erzählens. Zur systematischen Deskription epischer Texte". I: *Poetica* 9: 167-95.

Phelan, James, 1989, *Reading People, Reading Plots: Character, Progression, and the Interpretation of Narrative*. Chicago: University of Chicago Press.

Phelan, James, 1996, *Narrative as Rhetoric: Technique, Audiences, Ethics, Ideology*. Columbus: Ohio State University Press.

Phelan, James, 2002, "Editor's Column". I: *Narrative* 10, no. 3.

Phelan, James, 2004, *Living to Tell About it: a Rhetoric and Ethics of Character Narration*. Ithaca: Cornell University Press.

Phelan, James & Mary Patricia Martin, 1999, "The Lessons of 'Weymouth'. Homodiegesis, Unreliability, Ethics, and The Remains of the Day". I: *Narratologies. New Perspectives on Narrative Analysis*, David Herman (red.). Columbus: Ohio State University Press.

Phelan, James & Peter J. Rabinowitz, 1994, *Understanding Narrative*. Columbus: Ohio State University Press.

Piaget, Jean, 1970, *Structuralism*. New York: Basic Books.

Pouillon, Jean, 1946, *Temps et roman*. Paris: Gallimard.

Preston, Elizabeth, 1997, *Homodiegetic Narration: Reliability, Self-Consciousness, Ideology, and Ethics*. Ph.d.-afhandling, Ohio State University.

Prince, Gerald, 1982, *Narratology: the Form and Functioning of Narrative*. New York: Mouton.

Prince, Gerald, 1988, "The Disnarrated". I: *Style*, no. 22: 1-8.

Prince, Gerald, 2003, *A Dictionary of Narratology*. Lincoln: University of Nebraska Press.

Propp, Vladimir, 1971 [1928], *Morphology of the Folktale*. Austin: University of Texas Press.

Rabinowitz, Peter J., 1977, "Truth in fiction. A Reexamination of Audiences". I: *Critical Inquiry* 4.

Rabinowitz, Peter J., 1987, *Before Reading*. Ithaca: Cornell University Press.

Raimond, Michel, 1966, *La Crise du roman*. Paris: J. Corti.

Richardson, Brian, 1987, ""Time is Out of Joint": Narrative Models and the Temporality of the Drama". I: *Poetics Today*, no. 8: 299-309.

Richardson, Brian, 1989, ""Hours Dreadful and Things Strange": Inversions of Chronology in Causality in Macbeth". I: *Philological Quarterly*, no. 68: 283-94.

Richardson, Brian, 1997, *Unlikely Stories: Causality and the Nature of Modern Narrative*. London: Associated University Presses.

Richardson, Brian, 2001, "Denarration in Fiction: Erasing the Story in Beckett and Others". I: *Narrative*, no. 9: 168-75.

Richardson, Brian, 2002, *Narrative Dynamics: Essays on Plot, Time, Closure, and Frames*. Columbus: Ohio State University Press.

Ricoeur, Paul, 1981, "Narrative Time". I: *On Narrative*, W. J. Thomas Mitchell (red.). Chicago: University of Chicago Press.

Ricoeur, Paul, 1983-85, *Temps et récit*. Paris: Seuil.

Riggan, William, 1981, *Pâicaros, Madmen, Naèifs, and Clowns: the Unreliable First-Person Narrator*. Norman: University of Oklahoma Press.

Rimmon-Kenan, Shlomith, 1983, *Narrative Fiction: Contemporary Poetics*. New York: Routledge.

Rimmon-Kenan, Shlomith, 2002, *Narrative Fiction: Contemporary Poetics*. New York: Routledge.

Romberg, Bertil, 1962, *Studies in the Narrative Technique of the First-Person*

Novel. Lund: Almqvist & Wiksell.

Ronen, Ruth, 1994, *Possible worlds in Literary Theory*. New York: Cambridge University Press.

Rousset, Jean, 1962, *Forme et signification*. Paris: J. Corti.

Ryan, Marie-Laure, 1991, *Possible Worlds, Artificial Intelligence, and Narrative Theory*. Bloomington: Indiana University Press.

Ryan, Marie-Laure, 1992, "The Modes of Narrativity and their Visual Metaphors". I: *Style*, vol. 26, no. 3: 368-388.

Ryan, Marie-Laure, 2001, *Narrative as Virtual Reality: Immersion and Interactivity in Literature and Electronic Media*. Baltimore: Johns Hopkins University Press.

Ryan, Marie-Laure, 2004, *Narrative Across Media: the Languages of Storytelling*. Lincoln: University of Nebraska Press.

Schechner, Richard, 1976, "There's a lot of Time in Godot". I: *Aspects of Time*, C. A. Patrides (red.). Manchester: Manchester University Press.

Staël m.fl., 1997, *Oeuvres de jeunesse*. Paris: Desjonquáeres.

Stang, Richard, 1959, *The Theory of the Novel in England 1850-1870*. New York: Columbia University Press.

Stanzel, F. K., 1955, *Die typischen Erzählsituationen im Roman, dargestellt an Tom Jones, Moby-Dick, The Ambassadors, Ulysses, u. a.* Wien: W. Braumèuller.

Stanzel, F. K., 1964, *Typische Formen des Romans*. Göttingen: Vandenhoeck & Ruprecht.

Stanzel, F. K., 1971, *Narrative situations in the novel; Tom Jones, Moby-Dick, The ambassadors, Ulysses*. Bloomington: Indiana University Press.

Stanzel, F. K., 1978, "Zur Konstituierung der typischen Erzählsituationen". I: *Zur Struktur des Romans*, Bruno Hillebrand (red.). Darmstadt: Wissenschaftliche Buchgesellschaft.

Stanzel, F. K., 1979, *Theorie des Erzählens*. Göttingen: Vandenhoeck und Ruprecht.

Stanzel, F. K., 1984, *A Theory of Narrative*. Cambridge: Cambridge University Press.

Sturgess, Philip J. M., 1992, *Narrativity. Theory and Practice*. Oxford: Clarendon Press.

Sutherland, John, 1997, "Clarissa's Invisible Taxi". I: *Can Jane Eyre be Happy?: More Puzzles in Classic Fiction*, John Sutherland (red.). Oxford: Oxford University Press.

Tillotson, Geoffrey, 1954, *Thackeray the Novelist*. Cambridge: Cambridge University Press.

Todorov, Tzvetan, 1966, "Les Catégories du récit littéraire". I: *Communications* 8: 125-51.

Todorov, Tzvetan, 1966, *Théorie de la littérature*. Paris: Seuil.

Todorov, Tzvetan, 1969, *Grammaire du Décaméron*. The Hauge: Mouton.

Todorov, Tzvetan, 1981, *Introduction to Poetics*. Minneapolis: University of Minnesota Press.

Todorov, Tzvetan, 1989 [1970], *Den fantastiske litteratur: en indføring*. overs. af Jan Gejel, Århus: Klim.

Toker, Leona, 1989, *Nabokov: the Mystery of Literary Structures*. Ithaca: Cornell University Press.

Tomasevskij, B., 1927, *Teorija literatury. Poetika. 3. Ispravlennoe izdabie*. Moskva, Leningrad.

Trimpi, Wesley, 1983, *Muses of One Mind: the Literary Analysis of Experience and its Continuity*. Princeton, N.J.: Princeton University Press.

Uspenskii, Boris Andreevich, 1973, *A Poetics of Composition; the Structure of the Artistic Text and Typology of a Compositional Form*. Berkeley: University of California Press.

Wharton, Edith, 1925, *The Writing of Fiction*. New York, London: C. Scribner's Sons.

White, Hayden V., 1973, *Metahistory: the Historical Imagination in Nineteenth-Century Europe*. Baltimore: Johns Hopkins University Press.

Wilson, R. Rawdon, 1990, "Time". I: *The Spenser Encyclopedia*, A. C. Hamilton (red.). London: Routledge.

Yacobi, Tamar, 1988, "Time Denatured into Meaning: New Worlds and Renewed Themes in the Poetry of Dan Pagis". I: *Style*, no. 22: 93-115.

Aaslestad, Petter, 1999, *Narratologi. En innføring i anvendt fortelleteori*. Oslo: Cappelen Akademisk Forlag as.

STIKORDSREGISTER

F

G

H

I

J